Oberfranken liest

R. Wohl (signature)

Auflage 2000 Exemplare,
davon 500 Exemplare von 1 bis 500
arabisch nummeriert und signiert.

378

Oberfranken liest ist ein Projekt des Internationalen Künstlerhauses Villa Concordia und der Gymnasien Oberfrankens sowie von Oberfranken Offensiv.

Heft 5 – Rainer Merkel *Beim Herausschauen* – erscheint in Zusammenarbeit mit dem Kaiser-Heinrich-Gymnasium Bamberg. Redaktion: Herbert Brunner, Tihomir Glowatzky und Bernd Goldmann. Gemäß dem Kultusministererlass für Schulen und Behörden folgt *Oberfranken liest* so weit möglich der neuen Rechtschreibung.

Die Texte des Leseheftes wurden ausgewählt aus: *Wahlverwandtschaften*. Berlin (Aufbau-Verlag) 2002. – „Im Garten", aus: Das Magazin 4/2000, S. 22–26. – „Die Verabredung", aus: Das Magazin 1/1998, S. 92–95. – Gedichte aus: *Stunden, die sich miteinander besprechen*. Frankfurt (Brandes und Apsel) 1999, S. 109–120. – Rainer Merkel, *Das Jahr der Wunder*. © S. Fischer Verlag GmbH, Frankfurt am Main 2001.

Wir danken Rainer Merkel und dem S. Fischer Verlag als Rechtsinhabern für die freundliche Genehmigung zum Abdruck der Texte.

Außerdem danken wir der Oberfrankenstiftung und der Sparkasse Bamberg für die gewährte Unterstützung.

Rainer Merkel

Beim Herausschauen

Prosa und Gedichte

Oberfranken liest
Heft 5
Edition Villa Concordia

Telefongeschichten

4214546: Astrid // 3852382: Angelika // 2122025: Dr. Hellmeier. Ich sollte ihn anrufen und fragen, was bei der letzten Untersuchung herausgekommen ist. Das Ausbleiben eines Anrufes könnte eine Krankheit vielleicht erst auslösen. Das typische Krankheitsbild, das beim Ausbleiben eines Rückrufes auftritt. Ich warte schon seit Wochen darauf, warte auf seine homöopathischen Regierungserklärungen, die er mit tiefer, sonorer Stimme vorzutragen pflegt, meistens erst beim Hinausbegleiten, bei der Verabschiedung. Ich weiß nie, ob solche Erklärungen überhaupt meinen Körper zum Ziel haben oder ob es nicht um etwas ganz anderes geht und er insgeheim an einer gesamtgesellschaftlichen Genesung arbeitet. Er hat weiße, immer elektrisch aufgeladen wirkende Haare und eine sonnengebräunte Haut. Seine Nummer kenne ich schon auswendig. Ich habe sie mir oft genug angeschaut und auf ihre rhythmische Ausstrahlung und ihre Konstitution hin untersucht. Die einzelnen Zahlen habe ich untereinander geschrieben und addiert, und die Gesamtsumme ist gar nicht so groß, wie ich gedacht oder wie ich befürchtet habe.

7245542: Katrin // 0229/126746: Bernhard // 6053148: Hanna // 836791: Jörg. In seinem Telefonbuch finden sich ein paar versteckte Andeutungen auf die allgemeine Großwetterlage. Durch sein Telefonverzeichnis weht ein geheimnisvoller meteorologischer Ton. Vielleicht telefoniert er dauernd in Telefonzellen, in denen es regnet, oder er steht mit seinem Mobiltelefon auf einem hohen Berg.

43217598: Judith. Ich glaube, dass sie im Grunde den ganzen Tag telefoniert. Wenn sie nicht telefoniert, bereitet sie Telefongespräche vor oder nach. In Ruhephasen sitzt sie vor ihrem Erkerfenster mit Blick auf die Danziger Straße in der Sonne, isst Honigmelonen und kämpft gegen den von ihr als bedrohlich empfundenen Nachwendeverkehr. Sie behauptet, dass ihr der Verkehr, den man genauso gut als angenehmes Rauschen empfinden kann, physische Schmerzen zufügt. Wenn sie das Fenster öffnet, schwillt er zu einem Dröhnen an, und sie reagiert darauf mit asynchronen, kaum merklichen Bewegungen. (In ihrem vorherigen Leben, in ihrem Leben vor der Wende, ist sie Balletttänzerin gewesen. Jetzt aber, sagt sie, während sie mit bloßen Füßen vorsichtig ihren Wohnzimmerteppich berührt, habe das Bedürfnis, sich auszudrücken, stark nachgelassen, und manchmal sei es sogar überhaupt ganz weg.)

4466262: Britta // 3456345: Jan // 3250334: Susanne. Sie gibt mir Bewerbungsschreiben, mit denen sie sich bei Architekturbüros bewirbt, zum Korrekturlesen. Beim letzten Treffen hat sie behauptet, sie habe sich jetzt endlich selbständig gemacht. Ihre Telefonnummer birgt die Möglichkeit, einmal ein unglaublich kryptisches Haus bauen zu lassen – falls es finanziell möglich ist –, das über Zonen der Unbewohnbarkeit verfügt und zudem mit einem Haustelefon ausgerüstet ist, das es einem erlaubt, vom Schlafzimmer aus mit sich selbst zu telefonieren. Die Unleserlichkeit des Hauses würde von jedem Besucher eine sorgfältige Vorbereitung verlangen, um die Wohnungstür vom Fenster zu unterscheiden oder das Fenster durch kleine stilistische Korrekturen zur Tür umzuverwandeln oder umzuschreiben.

4930554: Terezia // 2299434: Kerstin. Sie zieht von einem Penthouse mit Blick auf die Schultheiss-Brauerei in die Wohnung ihres Lebensgefährten, der bei der Gauck-Behörde arbeitet. Auf dem abwechselnd von beiden besprochenen Anrufbeantworter befindet sich ein Mitschnitt ihrer neuen Fähigkeit zum Dialog. Sie besprechen ihn wie zwei gedopte Moderatoren, die beim Frühstücksradio das Letzte aus sich herausholen. Der Text entspricht in etwa ihrer ironisch abgesicherten Distanz zum Experiment Zusammenwohnen und Zusammen-den-Anrufbeantworter-Besprechen. Nach dem Pfeifton besteht die Möglichkeit des Einspruchs, der Widerrede, wie es bei Trauungszeremonien möglich ist.

3234372: Elisabeth // 4442954: Elke. Nachdem ich ihre DOS-Systemdisketten zurückgeschickt hatte, sah ich sie nur noch einmal in unmittelbarer Nähe des Ernst-Reuter-Platzes an der Seite eines Mannes, der mittleren Altes war. Sie musste sich aufstützen, weil sie im achten oder neunten Monat war, und die Art, wie sie mir zulächelte, schien zu sagen, dass sie mir irgendetwas voraushatte oder dass ihr Leben kurz davor stünde, sich außerordentlich zu bereichern, und dass sie von nun an mehr Platz beanspruchen würde. Wahrscheinlich vergaß ich deswegen zurückzulächeln, während der gesamte Ernst-Reuter-Platz von einer Windböe ergriffen und ich kurzfristig wenige Zentimeter von dem nach unten führenden U-Bahn-Eingang nach links abgetrieben wurde.

8225809: Ole // 06151/7323490: Karin // 6322297: Claudia // 004862/ 652676: Kristijana. Sie spricht unglaublich langsam und überdeutlich, modelliert an ihren generalstabsmäßig geplanten deutschen Formulierungen so lange herum, bis man fast eingeschlafen ist. Unser Besuch bei ihr in Krakau war von einem starken Schneeeinbruch begleitet, und die Fahrt auf der verschneiten Landstraße wurde von deutschen Gartenzwergen begleitet, die am Straßenrand zu Hunderten unter Wellblechdächern standen und zum Verkauf angeboten wurden. Wir trauten uns aber nicht anzuhalten. In Krakau herrschte eine klirrende Kälte. Unsere Gastgeberin fürchtete ständig, dass uns der Wagen gestohlen werden könnte. Nachts bauten wir deswegen auf ihren Vorschlag hin die Autobatterie aus und stellten sie im Wohnzimmer neben den Fernseher, wo wir am Abend eine Viertelstunde lang polnische Nachrichten anschauten. Die polnischen Formulierungen ließen uns auf der Stelle verstummen. Am nächsten Tag bauten wir die Batterie wieder ein und fuhren zurück.

3354568: Vanessa. Am Telefon ist sie sehr ausführlich und jederzeit bereit, eine Anekdote auszuschmücken, zum Beispiel den Anruf einer Londoner Oberbekleidungsfirma, von der sie so lange mit Produktinformationen und Ankündigungen einer neuen Dessouskollektion bedrängt wurde, bis sie freiwillig, um sich des lästigen Anrufers endlich zu entledigen, die Körbchengröße ihres BHs preisgab. Der Begriff „Körbchengröße" kommt mir zuerst wie eine sprachliche Erfindung vor, die den großen, unübersichtlichen Bereich der Sexualität auf einen winzigen Ausschnitt zusammendrängt. In erster Linie ist der Ausdruck „Körbchengröße" aber ein ganz normaler Fachausdruck, Teil einer sorgfältig ausgetüftelten Expertensprache, und in der normalen Umgangssprache ein Fremdkörper.

02583/4489: Michael und 069/63151463: Heike. Ihre Telefonnummern sind eng mit der Erinnerung an unser Treffen auf Hiddensee verbunden, und wenn ich sie jemals anrufe, dann von dieser einsamen und von stürmischen Winden eingemauerten Inseltelefonzelle aus. Wenn man in ihr steht und telefoniert, hat man das Gefühl, man treibe aufs offene Meer hinaus. An einem eiskalten Winterabend auf Hiddensee haben wir versucht, eine Künstlergruppe zu gründen. Im „Goodewind", der bekanntesten Kneipe auf Hiddensee, Treffpunkt und ungefähre geographische Mitte unserer Hotel-Unterkünfte, sind wir über Gesellschaftsspiele, die wir den ganzen Abend gespielt haben, aber nicht hinausgekommen und haben später nur unsere Telefonnummern ausgetauscht.

0221/406671: Michael // 2124490: Hermann. Er wollte mir eine Behandlung eines gar nicht vorhandenen Rückenleidens aufdrängen und mich gleichzeitig zur Mitarbeit an Konzepten für Vormittagsfernsehshows gewinnen. Sonntags fahre er selbst, wie er sagte, zur Entspannung Taxi, und es gebe nichts Erhaberenes, als aus einer an der Ampel festsitzenden Fahrzeugkolonne auszuscheren und diese auf einer dafür gar nicht vorgesehenen Spur links zu überholen. Ich frage mich die ganze Zeit, ob er dabei im Wageninneren in ein grelles Lachen ausbricht oder ob er nicht überhaupt wieder so ein typischer Berliner Überlebenskünstler ist, der den ganzen Tag Lügengeschichten erzählt.

6652365: Karin // 7436916: Anna. Bei unserem letzten Treffen sah ich sie vor der Akademie der Künste, wie sie nach der Vorführung eines Berlinale-Films in ihrem weißen Mercedes aus der Vorfahrt heraussprechte und ihrem jugendlichen Begleiter, der irgendwie geisteswissenschaftlich aussah, befahl, er solle sofort das Seitenfester herunterkurbeln, damit sie „mehr Luft" bekomme. Und ich dachte, ich kann froh sein, dass sie meine Telefonnummer nicht hat und dass ihre, wie mir kurze Zeit später einfiel, als ich sie mit ihrer Schwester im „Würgeengel" sah, auf jeden Fall falsch ist.

7942441: Petra // 3945094: Sparkasse. Bei meinem letzten Besuch wurde der gesamte Raum von einer Rosenmontagsfeier in Beschlag genommen. Die Sparkassenangestellten, die in einem Kreis um ihre verkleideten Kunden herumstanden, warfen mit Bonbons, die die Kinder, wahlweise als Cowboys, Indianer oder Hasen verkleidet, vom Boden aufhoben. Der Bildschirm, der die aktuellen Börsenkurse anzeigte, war überraschenderweise nicht ausgeschaltet und lief einfach weiter, mit ein paar roten Luftballons garniert. Ich konnte mich aus irgendwelchen Gründen nicht von der Stelle bewegen und stand wie gelähmt zwischen den Feiernden und dem Briefkasten für die selbst ausgefüllten Überweisungsaufträge. Es waren nur vier oder fünf Meter, die Gefahr, von einem der herumfliegenden Geschenke oder einem Kindersparbuch getroffen zu werden, war gering. Ich fürchtete aber, von den Sparkassenangestellten, die ich schon seit zehn Jahren kenne, dabei beobachtet zu werden, wie ich alles mitbekomme und nichts sage.

2466601: Bärbel // 0221/651276: Alfke. Von ihrem telefonischen Arbeitsplatz in New York aus untersucht sie das Einkaufsverhalten deutscher Haushalte an den Vorweihnachtstagen. Ich verstehe nicht, warum sie ausgerechnet aus New York anruft. Ihre fröhliche Marktforscherinnenstimme kommt in einem melodischen Singsang über den Atlantischen Ozean geflattert, und sie tastet die Konsumenten nach deren Bereitschaft ab, sich finanziell zu verausgaben. Sie fragt mich, wie lange ich meine Geschenke im Voraus kaufe und ob ich sie vorher verstecke und wenn ja, wo. (Es ist sehr schwer, ihr zu erklären, dass ich gar kein Versteck habe, und noch schwerer, dass ich seit Jahren keine Geschenke mehr kaufe und auch keine mehr bekomme.)

6423617: Sabine // 6348562: Tanja // 23589264: Valeska. Sie führt eine Randexistenz, nur mühsam von der rhythmischen Eleganz ihrer Telefonnummer am Leben erhalten. Am äußersten Rand, ausgestattet mit ihrer magischen, sich aber immer mehr entfernenden Nummer, sorgt sie für leise Irritationsmomente. Ich erinnere mich an einen Dia-Vortrag, mit dem sie den Nachweis zu erbringen versuchte, Bodenerosionen, kleine Risse im Straßenasphalt und überhaupt alle kleineren Berliner Baustellen seien als Resultate einer bedrohlichen vulkanischen Tätigkeit zu verstehen, im Sinne von Kontinentalverschiebungen, einem allmählichen Auseinanderdriften von verschiedenen Stadtteilen.

Wenn man das von ihr entwickelte „Vorsicht, Vulkan!"-Verkehrsschild sieht, könnte es sein, dass man sich direkt in einem der vielen Epizentren befindet.

4569445: Mirko // 6413908: Anja. Bei ihrer Tätigkeit bei Schneller Wohnen ist sie mit dem Fuß umgeknickt und konnte für ein paar Tage das Haus nicht mehr verlassen. Dies hatte zur Folge, dass sie ihre gefürchteten Langstreckentelefonate über eine unerhörte Distanz ausdehnte. Die gemeinsamen Läufe entlang der diversen Themen, Subthemen und Wiederholungsthemen führten uns in ungeahnte Landschaften des fürsorglichen Füllwortes oder des verschleppten und hingehaltenen Abschiedswortes.

2314933: Sascha // 8322740: Susanne // 3955711: Nathalie. Das letzte Mal habe ich sie zufällig nach der Premiere eines französischen Films vor dem „Arsenal" gesehen. Sie stand im Kreise ihrer Freunde. Ich war froh, mit einer Frau, die dem Prototyp der französischen Off-Schauspielerin so nahe kommt wie sie, außerhalb eines Films zusammen zu treffen, obwohl sie in Wirklichkeit Betriebswirtin ist. Ich dachte mir, dass sie vor der Kamera bestimmt doppelt so groß und doppelt so schön sein würde.

63454510 oder 22545445: Gabriele // 0171/24493349: Stephania. Sie führt ein unstetes Leben, das selten von Telefongesprächen unterbrochen wird, und hat sich, um dem Fluch zu entgehen, Tochter eines Fotomodells zu sein, auf eine ausgedehnte Weltreise begeben. Angefangen hat sie in Indien, und es scheint so, als würde sie die Vergangenheit ihrer Mutter in einer Vielzahl von Blicken aufzulösen versuchen, denen sie sich in einem einmaligen Akt der Reinigung weltweit ausliefert.

682440: David. Die Farben der beiden Krücken, mit deren Hilfe er sich seit seinem Unfall bewegt, erinnern stark an die Farben von e-plus. Vielleicht leidet er deswegen weniger unter den Schmerzen seiner Prellung als darunter, die Farben eines Mobiltelefonherstellers spazieren zu führen. Als könnte man auf Krücken besonders gut telefonieren.

25668432 oder 0177/21166475: Ingrid // 8569367: Mattis. Zur Zeit in Venedig. (Ich stelle mir im Wasser treibende Telefonzellen vor, die beim Klingeln auf der Wasseroberfläche leicht hin und her schwanken. Man kann sie nur schwimmend erreichen.)

3143645: Dr. Neuhaus. Er erweckt den Eindruck, als würde er mit jedem kaputten Zahn, den er füllt oder überbrückt, jünger. Gleichzeitig immer fröhlicher und immer reicher. Er ist einfach ein bisschen zu gut gelaunt, und er ist dabei, sich allmählich in die Karikatur einer Vertrauensperson zu verwandeln, die nicht mit Gold zu bezahlen ist. Seine Sprechstundengehilfinnen erzählen von ihren exotischen Afrika-Urlauben, bei denen alte Frauen junge Männer verführen, und mein Zahnarzt hört nicht auf, unter seinem weißen Mundschutz spitzbübisch zu grinsen, während er eine grüne Formmasse gegen meinen Oberkiefer presst und darauf wartet, dass sich darauf irgendetwas abbildet.

6115461: Martin // 0361/2214891: Kai // 4463466: Georg // 19419: Zugauskunft

Im Garten

Ich entdeckte Tilly erst am Nachmittag – vielleicht war es das, was meine Eltern von mir erwarteten –, ihre helle, unter den Augen in ein leichtes Dunkel fallende Haut und das plötzliche Aufleuchten ihres Gesichts, wenn man sie zum Lachen brachte. Der Eindruck, dass ihre Augen tatsächlich etwas Körperliches hatten. Sie zeigte mir im Schatten des Kirschbaums mein Geburtstagsgeschenk, eine aufblasbare Tulpe, grünrot im Popart-Stil, und „Die Glasglocke" von Sylvia Plath. Wir saßen unter dem großen, silbergrauen Kirschbaum, den meine Eltern schon ein Jahr später wegen eines Pilzes abholzen mussten, und ich spürte die Oberfläche der Rinde im Rücken. Es war beinahe eine religiöse Offenbarung, als Tilly ihre Hände, die schweißnass waren, zu mir hindrehte und mir die Innenflächen zeigte, und sie lächelte mich an, als wollte sie mir Versprechungen machen. Sie trug eine weiße, fellgefütterte Jeansjacke mit rosanen Aufschlägen und einem aus rosanen Buchstaben aufgestickten Schriftzug „Dream". Ihr Haar duftete nach einem Aphrodisiakum, jedenfalls ließ mich der Geruch ihres Haares an das Wort Aphrodisiakum denken. Wir saßen ungefähr in der Mitte des Gartens. Um uns herum waren die weiß getünchten Gartenmauern, die unser Grundstück von den Nachbargärten abtrennten. Die Gartenmauern begrenzten unsere Möglichkeiten, sie forderten eine gewisse Genauigkeit und Präzision und die Fähigkeit zum richtigen Timing.

Es war zu einer Zeit, als ich ungefähr vierzehn oder fünfzehn wurde, als sich meine Zukunft in einem geschlossenen System befand und ich nicht wusste, ob ich mich dabei bewegte oder ob sich meine Zukunft bewegte, und es gab Tage, an denen ich mit einer verzweifelten Intensität onanierte, mit meinen Eltern stritt oder vor komplizierten Funktionsgleichungen einfach erstarrte. Tilly war zum ersten Mal dabei, und weder Ulrich noch Kilian hatten sie zuvor gesehen. Sie war die Tochter einer Freundin meiner Mutter. Irgendwann war sie mir einfach vorgestellt worden, nachdem meine Mutter sie auf einem Chorabend in der katholischen Pfarrgemeinde kennen gelernt hatte. Tilly wurde als musikalisches Wunderkind gehandelt, noch dazu mit dem Charme und der Konstitution einer Elfe. Sie sagte nicht viel. Sie war sehr schweigsam, und die meiste Zeit sagte sie gar nichts. Mit der hereinbrechenden Abenddämmerung wurde sie ernst, und ihr Gesicht wirkte konzentriert, abwartend und ungeduldig. Ihr graziös kompliziertes Lächeln verebbte, und die kleinen melodischen Bögen, die um ihren Mund herumführten, verschwanden. Ulrich, der seine Reggae-Kassetten mitgebracht hatte, hatte sich Kopfhörer aufgesetzt, und wenn meine Mutter auf dem Balkon auftauchte, flüsterten wir.

Am Anfang war alles unkompliziert gewesen. Ulrich hatte behauptet, er könne mit dem Gras aus unserem Garten einen Joint bauen, und später hatte Tilly angefangen, so zu tun, als hielten wir eine spiritistische Sitzung ab, mit ihr selbst als unserem Medium, und ich schaute im ganzen Garten nach etwas, das einen Tisch abgeben könnte, oder etwas, was Tilly in einen Trancezustand versetzen würde. Ulrich erklärte uns, dass er ein „Rastafari" sei, ein Mitglied des verlorenen Stammes des Volkes Israel, der in die westliche Unfreiheit nach „Babylon" verkauft worden war und unsere Hilfe herbeisehnte. Direkt neben unserem Grundstück war ein großes, undurchsichtiges Gelände, mit vielen Sträuchern und unbeschnittenen Bäumen, auf dem außer Hunden kein Leben zu sein schien, nur selten schaute jemand aus einem mysteriösen spätklassizistischen Backsteinbau hinter den Fensterläden hervor, jemand, der offensichtlich zu schwach war, seinen Hunden in das Dickicht des Gartens zu folgen. Ich war jetzt in einem Alter, in dem ich leicht über die Mauer schauen konnte, um zu entdecken, dass die Hunde, wenn ich nach ihnen Ausschau hielt, gar nicht da waren. Ich erzählte den anderen aber trotzdem, dass sie hier überall wären, herrenlose und gefährliche Tiere, die lautlos unter wilden Brombeersträuchern und unter ungeschnittenen Hecken nach „Spuren" suchten, und dass ich glauben würde, die Mauer sei vielleicht nicht hoch genug, und dass ihre Witterung unfehlbar sei.

Kilian kletterte den Kirschbaum hoch, um nach den Hunden Ausschau zu halten. Sein Gesicht bekam ein feuriges, verzweifeltes Rot, das von seinem Mund bis zu den Ohren reichte. Zu Hause durfte er so etwas nicht tun. Sein Vater war Kardiologe und ließ seine Kinder nur selten ohne Aufsicht.

„Glaubt ihr, dass da drüben wirklich *Hunde* sind?" fragte Tilly.

„Ich glaube, sie haben sie eingesperrt", sagte Ulrich ernst, „es sind schließlich Tiere."

„Vielleicht kommen sie rüber", sagte ich mit einem drohenden Unterton, und Kilian zog sich an einem dunklen, abgestorbenen Ast hoch, um besser sehen zu können.

Später wurde es kühl, und Wolken zogen auf, die sich im abklingenden Licht dramatisch zusammenballten und über uns auftürmten, in rollenden Wellenbewegungen ineinander wogten wie schwerfällige arm- und beinlose Tiere. Ich zog einen Pullover mit V-Ausschnitt an, und Tilly knöpfte ihre Jeansjacke zu. Ich erklärte den anderen, dass es im Keller Räume gab, von deren Existenz selbst meine Eltern nichts wussten. Die Lichtverhältnisse im Keller waren schlecht, und es konnte leicht passieren, dass man sich in die Quere kam. Ulrich suchte nach einer toten Ratte, die er mit der Fußspitze berühren konnte. Aber wir fanden nichts. Ich versuchte, das Schloss unseres alten Wohnzimmerschranks aufzuknacken, hinter dessen Glastüren Einmachgläser standen. Durch das Glas hindurch sah man die Kirschen, die sich in einer schwarzroten Flüssigkeit aneinander drängten.

„Wo ist deine Mutter?", fragte Tilly.

„Oh", sagte ich, „sie ist oben." Ich blieb vor dem Glasschrank stehen und starrte hinein.

„Vielleicht hat sie mich vergessen?", sagte ich und bemühte mich um einen süffisanten Unterton.

„Meine Mutter ist bei jedem Geburtstag dabei", sagte Tilly.

Wir liefen durch den Keller, und es gab Momente, in denen ich sie beinahe angefasst hätte, aber jedes Mal kam etwas dazwischen, oder Tilly fing mit einem neuen Gesprächsthema an. Sie sagte, ich sollte die Stelle in der „Glasglocke" ganz genau lesen, wo sich die Protagonistin in eine Aushöhlung unter die Terrasse des Hauses ihrer Eltern legt, um zu ersticken, am besten sollte ich mit dieser Stelle beginnen und alles andere überspringen. Wir blieben vor dem Verschlag mit den eingekellerten Kartoffeln stehen, die einmal im Jahr nachgefüllt wurden. Sie waren in einem Holzkäfig, von wo aus sie auf einen ausziehbaren Schuber nachrutschten. Und während Ulrich ein paar Kartoffeln in die Hand nahm und sie an Tilly weiterreichte, die sie achtlos zu Boden fallen ließ, überlegte ich, ob es jetzt Zeit war, die anderen zu dem rotbraunen Holzschrank zu führen, der mit Tiroler Bauernmalerei verziert war und von dem ich wusste, dass er pornographische Hefte und Bücher von meinem Vater enthielt. Der Schrank war in einem Raum, in dem meine Eltern die Briketts und Eierkohlen aufbewahrten, die noch aus der Nachkriegszeit stammten. Man bekam Kohlenstaub unter die Schuhe, wenn man hineinging. Aber ich verpasste den richtigen Moment, und nach einer Weile stiegen wir wieder nach oben.

Im Garten war auf einmal alles anders. Es war wie in meinem Zimmer, in dem ich nicht gerne Besuch empfing, oder wie im Wohnzimmer meiner Eltern, in dem ich im Beisein anderer immer eine gewisse Hemmung empfand. Der Garten hatte an Ausstrahlung eingebüßt, und ich verfluchte die Sorgfalt meiner Eltern, die ihn zu einem mediterranen Blütenversteck gemacht hatte, zu einem Versteck mit flauschigen Rasenteppichen, wo meine Eltern mit mir Natur spielen konnten. Überall quoll die elterliche Fürsorge hervor, ihre sorgfältig alles abstechende und abzirkelnde Kunstfertigkeit. Es schien, als wären wir von einer ganz bestimmten Menge von Zeit umgeben, die sich in verschiedenen Zimmern und Räumen um uns herum anordnete. Und nacheinander verschlossen sich diese Räume, Räume, die mit Zeit angefüllt waren, einer nach dem anderen, je länger wir nebeneinander saßen und nichts taten, und ich hatte das Gefühl, irgendwann würde sich auch der letzte Raum, der mit Zeit angefüllt war, schließen, und dann war alles vorbei. Manchmal konnte man ein Knistern und Knacken hören, wenn Kilian sich bewegte und seine Stellung veränderte. Es schien so, als würde er immer weiter nach oben steigen, in den sich langsam auf ihn senkenden Sternenhimmel hinein, immer höher, bis er aus unserem Blickfeld verschwand.

„Das ist er also … der Rausch der Sinne", sagte Ulrich und legte sich zurück. Er gab einen unbestimmten, wohligen Laut von sich. Ulrich fragte Tilly, ob wir uns schon mal geküsst hätten. Er fragte es einfach so, ohne Vorwarnung, ohne jede Ankündigung.

Tilly sagte nichts.

„Du bist nicht mitgekommen, um ihn zu …", Ulrich wiegte den Kopf hin und her.

Ich hörte, wie Kilian sich im Baum bewegte, um sich eine bessere Sicht zu verschaffen.

„Sie *kann* überhaupt nicht küssen", sagte Ulrich.

Er hatte seine eigene Vorstellung von der Liebe, so als handelte es sich um eine diffizile Sportart, die eine besondere Ausrüstung, ein geheimes technisches Wissen erforderte. Ganz bestimmte Rhythmen und festgelegte Bewegungsabläufe, eine nicht leicht zu erschließende mannschaftliche Geschlossenheit, eine Fähigkeit zum Zweikampf mit verdecktem Visier.

„Wir kennen die geheimnisvollsten Wörter und Sätze", sagte Ulrich zu Tilly, mit einem sonoren Guru-Unterton. „Soll ich dir eines unserer geheimnisvollen Wörter sagen?"

„Ich möchte sie nicht hören", sagte Tilly kühl.

„Es sind keine Allerweltswörter ... Zum Beispiel unsere Spitznamen ... Oder unsere ...", er machte eine bedeutungsvolle Pause, „... *die* ... haben auch Namen."

„Vielleicht müssen wir uns besser kennen lernen", sagte ich schnell.

Ulrich zeigte auf mich und sagte: „Er möchte dir seinen Namen am liebsten sofort sagen, oder?"

Ulrich hatte seine Turnschuhe ausgezogen und ließ sie über seiner Schulter baumeln, während seine Zehen im Zwielicht wie Finger aussahen. Er ging in die Hocke, stützte sich mit seinen mageren, sehnigen Jungen-Unterarmen ab, federte auf seinen schmalen, noch nicht vollständig ausgewachsenen Beinen. Tilly beugte sich etwas nach vorn, und ich spürte, dass ihr Körper präziser und geschickter war als meiner, dass er vielleicht schwierig und selbstherrlich war, dass sie unter Umständen aber etwas mit ihm anzufangen wusste. Ich spürte eine vorübergehende süße und unbekannte Panik, während Tilly sich hinsetzte, die Arme um ihre Knie schlang und der rosane „Dream"-Schriftzug auf ihrer Jeansjacke unter ihrem Oberkörper verschwand.

„Glaubst du, dass es weh tut?", fragte Kilian von oben. Seine Stimme klang unfreiwillig hoch und krächzend, vielleicht war das ein Effekt seines Stimmbruchs. Ulrich verzog das Gesicht zu einer Grimasse.

„Es ist wie in der Kirche, wenn man zu lange knien muss", sagte er und setzte sich die kleinen schwarzen Knöpfe seiner Kopfhörer ins Ohr. Er wippte unmerklich hin und her. Ich konnte hören, dass es „No woman no cry" war, und Ulrich sah Tilly streng und abschätzend an.

Ich versuchte mir vorzustellen, wie ich meine Lippen im Verhältnis zu den Lippen von Tilly bewegen musste, oder ob es ausreichte, meine

Lippen, die sich jetzt eindeutig vor meinem Mund, vor meinem Gesicht befanden, so zu halten, wie sie waren, sie festzuhalten. Ich beugte mich etwas vor, und es sah so aus, als würde ich Tilly, die sich überhaupt nicht bewegte, berühren. Meine Hand war eine schemenhafte Bewegung, ein kurzes Zucken. Meine Arme stachen aus meinem grünen ärmellosen V-Ausschnitt-Pullover hervor. Tilly regte sich nicht und sah über die Gartenmauer hinweg auf die andere Seite, während ich mich nach vorne beugte. Sie wirkte sehr dünn und zerbrechlich, und mir kam der Gedanke, ob nicht alle Mädchen in entscheidenden Momenten das Volumen ihres Körpers verringerten und bei Gefahr einfach schrumpften.

Ulrich flüsterte mir zu, ich solle die Hefte aus dem Keller holen. Ich schüttelte den Kopf, und ich merkte, wie Ulrich sich enttäuscht abwandte. Tilly sah zu mir herüber, und ihr Gesicht sagte: „Ist das *alles*, was du denkst." Mein Gesicht sagte: „Es ist noch mehr. *Viel mehr.*" Und ihr Gesicht sagte: „Es wäre gut, wenn wir nicht so tun würden als ob." Mein Gesicht kehrte sich nach innen und machte eine Horror-Film-Grimasse. Und dann schwieg mein Gesicht, und ihr Gesicht schwieg auch.

Für einen Moment war nur das scharfe Klirren in den Kopfhörern von Ulrich zu hören, ein Zirpen und Flüstern, wie das Leben im Innern eines Insekts, das einen aus stumpfen Augen anstarrt. Unscharf zeichneten sich die Metallstangen des Schaukelgerüsts neben dem Baum ab, eine verblichene und vom Zerfall bedrohte Erinnerung an die Zeit körperlicher Schwerelosigkeit. Ich strich mit der Hand über den Rasen. Ich wollte Tilly anfassen. Gleichzeitig wuchs die Befürchtung, dass meine Eltern auftauchen könnten, dass meine Mutter etwas vom Balkon herunterrufen, dass meine Mutter „Sekt!" oder „Sekt oder Selters!" rufen könnte, von ihrem mittelständischen Hochsitz aus, in einem cremefarbenen einteiligen Kostüm über den ockergelben Plastiksichtschutz der Balkonverkleidung gebeugt.

„Ich glaube, ich geh jetzt nach Hause", sagte Tilly.

Ich rückte noch einen Zentimeter näher.

„Musst du noch üben?", fragte ich. Tilly schüttelte den Kopf. Ich dachte an die Dunkelheit auf der gegenüberliegenden Seite der Gartenmauer. Wir saßen noch minutenlang einfach so da, ohne dass irgendjemand etwas sagte. Und dann kam Kilian herunter.

„Ich habe einfach nichts mehr erkannt", sagte Kilian, „es ist doch bescheuert … Es ist, als hätte ich in ein schwarzes Loch geschaut."

Er sah klein und bedeutungslos aus und stand mit leeren Händen vor uns.

„Was weißt du schon davon?", sagte Ulrich. „So was passiert, wenn ein Stern erschöpft ist. Wenn er einen Gravitationskollaps hat … Es ist nur etwas Physikalisches, sonst nichts."

Wir waren auf einmal sehr müde. Mein Geburtstag war zu Ende. Wir gingen langsam auf die erleuchtete Fensterfront meines Elternhauses zu. Ich drehte mich noch ein paar Mal nach der Stelle um, wo wir gesessen hatten, versuchte mir einzuprägen, wo ich und wo Tilly gesessen hatte. Der Rasen war von allen Seiten von Gebüschen und Bäumen umgeben, die ich später eigenhändig kürzte, beschnitt oder sonst wie bearbeitete, wenn meiner Mutter danach war. Und immer wieder sprach sie voller Stolz davon, was für eine große Hilfe ich für sie war und dass ich mich am Anfang ziemlich angestellt und nie Lust gehabt hätte. Aber am Ende hätte ich es dann doch immer schön gefunden.

Die Verabredung

Ich trat ein ohne zu klingeln. Das erschien mir zu europäisch: klingeln und warten, bis jemand aufmacht. Der Wagen stand zwei Meilen entfernt vor dem Drive-In-Restaurant und bewegte sich nicht mehr von der Stelle. Bevor ich eintrat, legte ich mir die Worte zurecht. Seit meinem ersten Tag hatte ich gelernt, mir die Worte zurechtzulegen. Ich legte sie mir zurecht, aber dann kamen doch andere heraus.

Der Autovermieter telefonierte. Er war bleich und mager. Er sah nicht wie jemand aus, der in Amerika Autos verlieh. Er sah überhaupt so aus, als käme er nicht oft nach draußen. Kein einziger Wagen war zu sehen, noch nicht einmal das Anzeichen eines Wagens. Vor dem Haus war überhaupt nichts. Hinter dem Haus begann die Landschaft. Das Strahlen und Wehen der Maisfelder. Das Schild „Rent a Car", provisorisch über der Eingangstür an einen Balken geschraubt, war verblasst, abgeschwächt wie eine Vorlage, die zu oft kopiert worden war. Es hatte sein Gelb an die Landschaft verloren, an die Maisfelder, die sich hinter der Ortschaft in der Ferne verliefen, über Feldwege stolperten, flüsternd unter Telegraphenmasten hindurchwogten, sich bückten, fielen, sich wieder aufrichteten, eine Prozession bis zum Horizont, wo die Weiten des amerikanischen Kontinents das Gelb unter sich aufteilten, gierig, wie Glücksspieler, die nicht genug bekommen konnten.

Ich wunderte mich, wo man die Fahrzeuge verstaut hatte. Unterirdisch? Im Keller? Ich saß auf einem Plastikschalensitz, der an der Wand befestigt war, über mir das zerfledderte Farbposter einer Wüstenlandschaft. Ich saß im Büro eines Autovermieters, im Wartezimmer zu einem großen amerikanischen Roadmovie. Ich wusste nicht, ob es mir noch bevorstand oder ob es schon zu Ende war. Dass der Wagen kaputtgegangen war, würde mir Anne kaum verzeihen.

Anne war in Nebraska. Sie war schon vorgefahren und wartete darauf, dass ich mit dem Leihwagen nachkommen würde. Kurz vor der Abfahrt waren wir noch in Streit darüber geraten, wer von uns beiden den Wagen fahren sollte. „Oh, fahr du nur", sagte sie, „ich glaube, du hast ihn nötiger als ich." Die Handwerker, die unsere Wohnung für die Nachmieter herrichteten, waren vielsagend um uns herumgeschlichen, neugierig jeder Veränderung nachgehend, als seien sie sicher, früher oder später irgendetwas zu finden. Sie schlichen durch die Wohnung wie Besatzungsmitglieder eines Raumschiffes, das auf einem fremden Asteroiden gelandet war. Einer von ihnen gab mir zum Abschied die Hand. Sie war unglaublich sehnig und warm, und ich hätte schwören können, dass sie unter Strom stand. „Wir werden uns langweilen", sagte Anne, die inmitten der gepackten Koffer stand. In Amerika sollte ein neues Kapitel beginnen. Ich hatte schon zwei Koffer in der Hand, und es war unsinnig, überhaupt noch ein Gespräch anzufangen. „Wir haben alle Zeit der Welt", sagte ich. Die Zeit: Ich stellte sie mir als dünnes, ohnehin schon bis zum Äußersten gespanntes Gummiseil vor, das sich so lange dehnte, bis es riss, so plötzlich und unerwartet, wie man es gespannt hatte, mit einem Mal zurückschnellend, um einem alle Zeit wie mit einem Peitschenhieb ins Gesicht zu knallen. „Ja", sagte Anne, „und dann sitzen wir irgendwo und wissen nicht, was wir machen sollen. Wir wissen nicht, wie es weitergehen soll." „Wir werden eine schöne Zeit haben", wiederholte ich zaghaft. Die Schritte der Handwerker tasteten über die Holzdielen. Anne hielt ein kleines, unförmiges Stofftier in der Hand. Einer der Handwerker hatte es gefunden. Es war mit einer dünnen Schicht Staub überzogen. „Es wird", ich nickte gönnerhaft einem der Handwerker zu, „unsere Zeit sein. Die werden wir uns nicht nehmen lassen." Das Stofftier war eine Erinnerung an Annes Teenagerzeit. Es sei ein Denkmal, sagte Anne. Stofftiere seien Denkmäler der Teenagerzeit. Unantastbar und heilig. Sie nannte es Momo und war nicht bereit den Namen zu ändern. „Vielleicht nimmt dich jemand mit", flüsterte sie, während die Handwerker in einem Halbkreis um uns herumstanden, ihre zur Neutralität verpflichteten Werkzeuge in den Händen. Einer von ihnen hielt tatsächlich in seinen Bewegungen inne. Er blieb eine Weile abwartend stehen, während ich über ihn hinweg aus dem Fenster sah.

Es war Annes Idee gewesen, dass wir uns zwei Wochen später in einem Nationalpark treffen sollten. Es war eine romantische und gleichzeitig abwegige Idee. Ich konnte mir nicht vorstellen, dass es gelingen würde oder dass überhaupt eine Aussicht bestand, es könnte gelingen. Anne hatte viele Ideen, und ich fühlte mich in dem Glauben bestätigt, dass Menschen mit vielen Sommersprossen ständig Ideen haben. Anne war stolz auf jede einzelne, sie zählte sie sogar, um mir zu beweisen, dass bei jeder guten Idee eine neue dazu kam. Wir wollten die Nacht auf dem Parkplatz des Yellowstone-Nationalparks verbringen, auf dem Rücksitz des Leihwagens, mit dem ich unterwegs war. Wir würden auf dem von der Sonne noch warmen, aufgeweichten Rücksitz liegen und in der Dämmerung den Grundstein für unser Kind in ihrem Bauch versenken. Hinter uns Hunderte Quadratkilometer Wald und das Heulen von Tieren, die langsam näher kamen.

Ich fuhr von Ohio nach Iowa, von Weizenfeldern zu Maisfeldern. Cornflakes-Landschaften wehten um mich herum, ich saß in einem dunkelbraunen Leihwagen, in einem Auto mit Erdfarben, und ich konnte gar nicht genug kriegen von dem Gelb. Es war überall, eine unendliche Aneinanderreihung, ich starrte nach draußen in die Landschaft, und die Landschaft starrte mit dem gleichen Blick zurück. Das Stofftier saß auf dem Beifahrersitz. Es hatte den Geruch eines wertvollen antiken Möbelstückes, war aber so hässlich, so gedrungen und gewalttätig niedlich, dass man es nicht guten Gewissens Momo nennen konnte. Es war ein Alien. „Ich verblühe“, rief Anne, wenn sie abends im Badezimmer stand, „meine Haut wirft Falten.“ Sie sagte: „Bald bin ich ein einziges Gewand aus Falten, ein Faltengewand, ein Vorhang, den man auf- und zuziehen kann.“ Anne stand vor dem Spiegel, zählte Sommersprossen und entdeckte Falten. Ich versuchte, sie davon zu überzeugen, dass man gar nichts sehen konnte und dass es zu früh war, daran überhaupt zu denken. Sie glaubte mir nicht und lächelte nur mitleidig in den Spiegel.

„Wollen Sie ein schnelles oder ein großes Auto?“, fragte der Autoverleiher. Ich brauchte Minuten, um die Frage aus dem Englischen ins Deutsche und meine Antwort aus dem Deutschen ins Englische zu übersetzen. Benebelt saß ich auf dem Schalensitz im Wartezimmer der Autovermietung, müde und zerschlagen, mit dem unbestimmten Gefühl, dass meine Fahrt für heute zu Ende war. „Ich brauche irgendein Auto.“

„Wir haben mehrere Typen. Es gibt ganz verschiedene. Sie können es sich aussuchen.“

Ich dachte an den Wagen, der vor dem Restaurant in der prallen Sonne stand. Sein kleiner weißer Autohimmel, unter dem die Fliegen lauernd Warteschleifen flogen, die klebrigen Armaturen, die ständig zu allem bereiten Rücksitze. Es war sinnlos sich vorzustellen, wie die Garth-Brooks-Kassette langsam im Laufwerk des Kassettenrekorders vor sich hinschmolz, und es war sinnlos, daran zu denken, dass ich unbedingt die Kassette rechtzeitig aus dem Fenster werfen musste, bevor Anne sie entdecken konnte. Eine Tramperin hatte sie mir gegen eine Ricky-Lee-Jones- und zwei Donovan-Kassetten getauscht. Ich brauchte unbedingt etwas Neues nach „Sunshine superman", „Season of the witch" und „There is a mountain". Aber es war ein Fehler gewesen. „Chuck E.'s in love" war Annes Lieblingslied.

Der Verleiher sagte: „Wir haben Chrysler und Toyota. Mein Bruder, ein paar Meilen weiter, hat noch einen Mitsubishi. Der ist fast neu." Mir war heiß. Es war eine europäische Hitze, ein Schwitzen aus Überempfindlichkeit, deren Grund ich noch nicht ausfindig gemacht hatte. Es konnte der Schalensitz sein oder die für amerikanische Verhältnisse vergleichsweise große Entfernung zwischen mir und dem kaputten Wagen. Zwei oder drei Meilen zu Fuß. Ich wollte dem Verleiher nichts von meinen Füßen sagen. „Also der Mitsubishi", murmelte er und ging zum Telefon. „Mein Bruder freut sich, hat ja sonst nichts zu tun." Er fragte mich, wo der Wagen stehen würde, und er wollte kaum glauben, dass er vor dem Restaurant stand. Ein Lastwagenfahrer hatte mich, nachdem ich auf offener Strecke liegengeblieben war, zu einem Drive-In-Restaurant geschleppt. Der Wagen war klinisch tot. Die Hitze im Innenraum unbeschreiblich. Der Autovermieter wunderte sich über die Entfernung. Er sagte immer wieder „unglaublich" oder „einfach unglaublich", während wir mit seinem Auto im Schritttempo zum Restaurant fuhren. Als wir angekommen waren, ging er um den Wagen herum, begutachtete ihn, wunderte sich, ein Auto, das vom Himmel gefallen war, er konnte nicht glauben, wie ich es so weit damit geschafft hatte. Hemmungslos starrte er durchs Seitenfenster nach innen. „Warum sagt es nichts. Ist es krank?" „Nein, es ist kein Kind." Er beugte sich nach vorne. „Es ist aus Stoff", sagte ich. Der Autovermieter nickte verständnisvoll. Er ging einmal um den Wagen herum, sah immer wieder argwöhnisch nach innen. Ich schloss die Tür auf und wollte es herausholen. Der Autovermieter hielt mich am Arm fest. „Es hat keinen Sinn", sagte er, „Sie können nicht weiterfahren." Ich machte die Tür zu. Der Autovermieter lächelte. Er sagte, sein Bruder würde kommen und mir einen neuen Wagen bringen. Er wollte mich wirklich davon überzeugen, dass ich mir keine Sorgen zu machen brauchte und dass eine Autopanne im Grunde etwas ganz Alltägliches ist. Er drehte sich ein paar Mal nach mir um und ging zu seinem Wagen zurück, mit der gleichen unbeschreiblichen Geschwindigkeit, mit der der Schatten des Restaurants über den Steinboden zur Straße kroch.

Alien, der auf dem Beifahrersitz hockte, starrte grimmig auf das Lüftungsgebläse. Ich überlegte, wie ich ihn loswerden könnte. Die Zeit verging auf einmal nicht überall gleich schnell. Sah ich sie genauer an, für einen Moment, während ihres plötzlichen Stillstandes, kräuselte sie sich. Um mich herum, nur wenige Meilen von mir entfernt, verging sie mit um so größerer Geschwindigkeit. Ich wickelte Alien in eine Toilettenpapierrolle. Er sah aus wie eine Mumie. Der Verkehr auf dem Highway war kläglich. Die Trucks glitten mit silbern glänzenden Fahrerkabinen an mir vorbei. Mir fehlte der Mut, wie ich mit meinem Toilettenpapierbündel am Straßenrand stand. Das Papier löste sich immer wieder von Alien ab und flatterte in langen feierlichen Fontänen im Wind. Einige der Fahrer hielten, stiegen aus und gingen langsam zum Restaurant. Sie schienen kein Rückgrat zu haben, nur eine Stahlskelettkonstruktion. Ich versteckte Alien unter meinem Hemd und folgte ihnen.

Als ich am Fenster saß, Alien schamhaft unter die Tischplatte drückend, wurde es draußen dunkel. Der Wagen kühlte aus, ohne dass es von Bedeutung gewesen wäre. In einem Halbkreis lag auf dem Teller das Essen. Schleimig, in unbestimmbaren Klumpen, Eier, Schinken, Kartoffeln. Zwei große Salz- und Pfefferstreuer in der Farbe meines Wagens standen vor mir, sie hatten die Form von Schweinen mit zylindrischen Füßen.

Schon zu Hause hatte ich mich gefragt, wer Alien eigentlich war, wie es in seinem Inneren aussah. Die Truckfahrer mit den Stahlskelettrücken saßen mit halbgeöffneten Augen an ihren Tischen, mit sonnengegerbten, faltigen Gesichtern, Spuren von endlosen Fahrten, einem Wissensvorsprung, der nicht mehr einzuholen war. Vorsichtig tastete ich nach dem Messer und ließ es unter dem Tisch verschwinden. Es war schwer, seine äußerste Fellschicht zu durchdringen, und als es gelungen war, fragte ich mich nur, wie ich ihn wieder zubekommen sollte, ob ich ihn einfach zunähen konnte, und ich dachte daran, unterwegs eine billige Digitaluhr zu kaufen, die ich ihm um sein pelziges Handgelenk wickeln konnte, Anne und ihrem Zeitfimmel zuliebe. „Sieh", würde ich sagen, „sie ist stehen geblieben. Und sie wird immer stehen bleiben, nur für dich, nur für uns beide …" Aber dann, während ich so unauffällig wie möglich auf die Tischplatte starrte, dachte ich an gar nichts mehr, schnitt immer tiefer, mit nicht wieder gut zu machendem Ernst tiefer in den Stoffkörper hinein. Die Zeit verging wie im Flug. Der Mann hinter dem Tresen zeigte in Richtung der Autovermietung. Aus welchem Material mochte er wohl sein: Holzwolle, Reis, Gummi? Es würde für immer mein Geheimnis bleiben. Ich konnte ihn nicht mitnehmen, er musste zurückbleiben. Trotzdem flüsterte ich ihm etwas zu. Es war das erste und letzte Mal, dass ich mit ihm redete, natürlich in Englisch, damit er es nicht so leicht verstehen konnte: „Wenn du auch nur ein einziges Geräusch machst", flüsterte ich, „wenn du auch nur einen Muckser von dir gibst, ich verspreche dir, dann bringe ich dich um."

Beim Herausschauen

Ein Haus von Fenstern angefressen
Ein bläulicher Ast von Ästen wund geschlagen
Ein Zittern in den Ästen, ein unfreiwilliges Entsetzen
Ein von Blicken ausgeschlachteter Garten,
eine durch Blicke zu Grunde gerichtete Natur
Geräusche, die nachträglich hinzu kommen,
später, wenn alles vorbei ist,
Ein Donnern, ein Dröhnen
Ein Knistern, ein Knirschen
mit S: Ein Stottern, ein Stampfen, ein *Stagnieren*

Brieftauben

Es ist von heute auf morgen passiert
Brieftauben, die mit dumpfen Vogelgesichtern gegen unsere
                    beschlagenen Fensterscheiben stoßen
Ihre Botschaften, im Minutentakt, die sie mit zerquetschten
                    Gesichtern in der Art von Vorschlägen vortragen
Der erste Vorschlag: Unter keinen Umständen (auch nicht,
                    wenn alle Zeit vergangen ist) die Fenster öffnen

Wir spüren, wie sich die Zeit in mehreren Stunden gegen uns
                    verschwört
Stunden, die sich miteinander besprechen
Die erste Stunde: Wir begehen fiktive Selbstmorde, die sich
                    danach nicht mehr *rekonstruieren* lassen
Die erste Stunde: Wir pressen unsere aufgequollenen Lippen
                    gegen die kalten Fensterscheiben
Die erste Stunde: Die Brieftauben vollführen verwirrende Tänze
                    in der Luft, als atmeten sie die Zeit, die verloren ist, aus,
                    und die, die noch vor ihnen liegt, ein

Wir warten ab, was sie uns unter Umständen zu sagen haben
Es ist noch immer die erste Stunde
An die zweite oder die dritte wagen wir gar nicht zu denken

Ihr Gefieder ist verschmiert von Ölen und Düften
Ihre Augen sind Meisterwerke der Dekadenz
Sie werden an einem entlegenen Ort unter Folter gezüchtet
Sie überfliegen Krisengebiete
Es dauert Wochen bis sie sich an ihre Botschaften erinnern

An den Wochenenden

An den Wochenenden
fahre ich zu meiner Geliebten nach Belgien
Sie lebt in einem winzigen Ort nahe der europäischen Hauptstadt
er ist verwinkelt und gespenstisch (ein Ort, der sich der
        Öffentlichkeit schämt, ein Ort, in dem man seine
        Verdienste für sich behält)
Sie hat ungefähr die gleichen Ansichten wie ich,
ist sich aber darüber nicht im Klaren,
die Abweichungen sind nur sehr gering (es sind Marginalien:
        Wir müssen uns dazu entkleiden, voreinander offenbaren)
Sie empfängt mich in einer Verkleidung, die geschlechtsneutral ist,
        ihr aber gut steht
Weil wir nicht die gleich Sprache sprechen,
verständigen wir uns mit Handzeichen
Sie hat an jeder Hand fünf Ringe
und für jeden gelungenen Satz
(„Wirst du auf der Rückfahrt an mich denken?", „Ich werde dich
        in der Nacht aus dem Gedächtnis streichen!")
zieht sie einen der Ringe ab
und wirft ihn hinter sich
Er fällt wie Watte

Am Meer

1

Das ist es, was vom Sommer übrig geblieben ist. Ein überhitztes, pulve-risiertes Leuchten in der Luft, die Ausläufer einer Staubfontäne, die vom Innenhof allmählich ins Treppenhaus hineingewandert sind. Eine großzügig ausgebreitete Schleppe, die jederzeit zum Leben erwachen kann, wenn man nur hustet oder niest. Ich schaue aus den schmalen, schießschartenartigen Fenstern nach unten in den Hof. Ich weiß nicht, ob Titus sich noch an alle Einzelheiten erinnert, ob er noch die Details im Kopf hat. Als wir damals nach Wien gefahren sind, um „One thousand aeroplanes on the roof" zu sehen, hat er alles organisiert, ich musste mich um nichts kümmern. Titus hat ein schlafwandlerisches Orientierungs-vermögen. Jetzt weiß ich noch nicht einmal, ob ich überhaupt ange-meldet bin. Ich gehe Stufe für Stufe, auf einen langsamen Rhythmus bedacht, über den feinen, auf dem Sichtbeton wie Puder verteilten Staub, den ich, wenn ich oben angekommen bin, unbedingt wieder los-werden muss. Es kann sein, dass sie noch nicht einmal einen Fuß-abtreter haben. Ein Fußabtreter passt nicht zu GFPD. In Wien hatte ich zum ersten Mal das Hemd an, das Titus mir aus Bali mitgebracht hatte. Das changierende Rostbraun ist über die Jahre schon etwas verblichen, aber es ist noch immer das schönste und vornehmste Hemd, das ich be-sitze. Ich habe es bis oben hin zugeknöpft und noch nicht einmal die Hemdsärmel hochgekrempelt, obwohl das vielleicht ein bisschen über-trieben ist. Wenn ich oft genug stehen bleibe, lässt die Hitze vielleicht nach und man sieht mir die Aufregung nicht mehr an. Ich schaue aus dem Fenster. Der Innenhof ist in eine Licht- und Schattenzone unter-teilt, und obwohl es früher Nachmittag ist, sieht man dort unten nie-manden. Der Innenhof ist ganz leer, und ich schaue eine Weile nach unten, wie das Licht auf die Steinplatten fällt und eine Atmosphäre der Ruhe ausstrahlt. Titus wartet auf mich. Zwei Stockwerke höher, im Foy-er oder schon an seinem Platz, zu dem er zurückgekehrt ist, um die Zeit zu nutzen, in seiner typischen, in sich gekehrten Haltung, mit seinem nervös wippenden Knie, und ich muss mich beeilen, ich muss recht-zeitig da sein. Sein Knie, das den Takt vorgibt, den Rhythmus, mit dem er in seine Selbstvergessenheit versinkt. Steinzeitmenschen, Jäger und Sammler müssen so gewesen sein, immer auf dem Sprung und trotzdem so mit ihrem Ziel verbunden, als befänden sie sich in einem luftleeren Raum. „Du kommst einfach mal vorbei und schaust es dir an", hat Titus gesagt. Er hätte sagen können „Du schaust dir GFPD an und GFPD schaut dich an." Ich spüre den Schweiß in den Achselhöhlen, wie er langsam hervorkriecht, und dann geht draußen die Sonne weg, und alles wird auf einmal ganz grau. Das Gefühl der Hitze und Enge nimmt zu. Ich versuche den obersten Hemdknopf zu öffnen. Jemand ist im Treppenhaus, jemand, der es sehr eilig hat. Die Schritte sind deutlich zu hören, und ich versuche etwas schneller zu gehen. Der oberste Hemdknopf lässt sich nur schwer öffnen. Ich könnte die Ärmel hochkrempeln, aber das würde unpassend aussehen. Titus hat es schon ein paar Mal zu erklären versucht. Was GFPD genau ist, wie GFPD funktioniert, dass es keine Agentur ist, bei der man sich einfach bewirbt. Schon beim Betreten des Treppenhauses ist es mir so vorgekommen, als würde ich in einen Turm hochsteigen, als wären alle diese Stahltüren Sackgassen und Scheineingänge, lediglich Erinnerungen an Türen, die zu Räumen führen, die gar nicht mehr existieren. Und man kann sich überhaupt nicht bewerben. Titus hat ein paar Kommilitonen aus der Hochschule der Künste eingeschleust. „Willst du mir etwa sagen, du wärst nicht kreativ?", hat er triumphierend gefragt, nachdem er meine Notizbuchgeschichten gelesen hatte, die ich beim Taxifahren probeweise verfasst habe und die er dann gleich Molberger, dem Geschäftsführer, gezeigt hat. Ich gehe etwas schneller, vielleicht bin ich die ganze Zeit zu langsam gegangen. Der Verfolger atmet in einem irritierenden Rhythmus, und obwohl ich jetzt zwei Stufen auf einmal nehme, kommt er immer näher, ohne dass ich ihn sehen kann. Vielleicht bewirbt er sich gar nicht, sondern ist im Gegenteil jemand, der etwas bringt, ein Bote, jemand aus einer anderen Welt, für den GFPD etwas ganz Natürliches ist, ein Dienstleistungsunternehmen wie jedes andere auch. In diesem Moment kommt die Sonne wieder heraus. Das Nachmittagslicht steigt wie ein nach oben schnellender Wasserpegel in den Fenstern hoch, und jetzt, wo ich schon fast angekommen bin und nicht mehr umkehren kann, im zweiten oder dritten Stock, werde ich auf einmal nervös und spüre, wie mein Herz klopft und alle Geräusche um mich herum verdrängt. Ich sehe das Plastikschild mit der Aufschrift GFPD, und ich sage mir noch, das ist wirklich nichts Besonderes. Das Schild sieht geradezu billig aus. Das Treppenhaus ist staubig. Die Wände sind nicht verputzt, und die Fugen zwischen den Verschalungsbrettern treten in wulstigen Kanten wie bei Operationsnähten hervor. Das Stöhnen hinter mir ist sehr laut, doppelt so laut wie zuvor und fast ein bisschen hemmungslos. Ich drehe mich nicht um. Ich mache den obersten Hemdknopf wieder zu und öffne die Tür.

2

Eine große Stille breitet sich aus, als ich den Eingangsbereich verlasse und das Foyer betrete. Im ersten Moment denke ich noch, das Foyer ist viel zu groß, und ich bin gar nicht bei GFPD. Wie der Raum vor meinen Augen nach oben steigt, mich mit seinem Volumen empfängt. Bläuliche Milchglasscheiben wachsen in die Höhe, das Licht kommt in einer großen ausholenden Bewegung auf mich zu. Das ist der erste Eindruck. Der Eindruck des Schwebens, wie das Licht auf mich zukommt und sich mit mir vermischt, wie es mich durchdringt. Wir bilden ein schwebendes, diffuses Gewebe, und ich mache einen Schritt nach vorne, tastend und vorsichtig. Die Frau am Empfangstresen lächelt mir zu. Ich weiß nicht, was ich sagen soll, für einen kurzen Moment, einen Augenblick der Verwirrung. Im Nachhinein versuche ich mich immer wieder daran zu erinnern, was ich in diesem Moment gedacht habe oder ob ich am Ende vielleicht gar nichts gedacht habe. Ich laufe auf Wosch und Steinfeld zu, die beiden Mitarbeiter von GFPD, die als dunkle, leicht verschwommene Silhouetten nach einer Weile im Foyer auftauchen, um mich abzuholen. Wosch kneift die Augen zusammen und zwinkert mir zu. Sie gehen vor mir her, nebeneinander, in einer mechanischen Eleganz, wie zwei Portalfiguren, die sich auf einmal in Bewegung gesetzt haben. Ich versuche den obersten Hemdknopf zu öffnen, aber es gelingt nicht, er ist wie angewachsen. Für einen Moment verliere ich beinahe die Nerven, im Spiegel auf der Mitarbeitertoilette konnte ich mich nicht durchringen, ihn zu öffnen, tupfte mir nur ein bisschen Wasser auf die Stirn und zog Grimassen, mit denen ich mir Mut zu machen versuchte. Wosch dreht sich ein paar Mal um und grinst mir zu.

Der Konferenzraum befindet sich in der hintersten Ecke der Agentur. Es stehen sogar Blumen auf dem Tisch, ein Strauß mit gelben Hyazinthen, und ich muss mich gegen die Vorstellung wehren, sie seien eigens zu meiner Begrüßung aufgestellt. Das ist es, was ich nicht vergessen darf. Dass ich überhaupt noch gar nicht da bin. Ich bin unterwegs, ich befinde mich in einem Zustand des Übergangs. Titus kommt später noch dazu, sagt Wosch, aber ich habe das Gefühl, dass er mich lieber alleine lassen und sich nicht einmischen will. Meine Hände halte ich unter dem Tisch und lege sie nur ganz selten, und wenn, dann einzeln und mit zärtlicher Aufmerksamkeit, auf die Tischplatte, vorsichtig, um keine Spuren zu hinterlassen. Ich habe mir vorgenommen, bei allem, was Wosch und Steinfeld sagen, den Eindruck zu erwecken, es sei mir schon bekannt, ich hätte schon davon gehört. „Es ist mir schon seit langem bekannt." Oder: „Davon habe ich erst neulich gehört. Das ist ja eine alte Geschichte." Manchmal blinzele ich mit den Augen, als sei mir alles ein bisschen zu viel, als sei meine Zeit nur begrenzt und mein Bedürfnis, sofort weiterzuarbeiten und keine Zeit zu verlieren, sehr groß. Manchmal wiederhole ich einfach das, was Wosch oder Steinfeld gesagt haben. Ich zitiere sie oder gebe das, was sie sagen, in Zusammenfassungen wieder oder versuche, mit geschickten Wiederholungen dem Gesagten eine neue Wendung zu geben. Als Steinfeld von der geplanten CD-ROM spricht und auf einmal den Ausdruck „Terminal" benutzt, die Formulierung, „die Terminals werden auch von ungeschulten Benutzern bedient", wiederhole ich es einfach und sage „Die Terminals werden also von ungeschulten Benutzern bedient? Das ist natürlich ein Problem." Wosch lehnt sich zurück. Er grinst, wie er überhaupt nach jedem Satz grinst, während Steinfeld keine Miene verzieht. Wosch ist lässig, jungenhaft, entspannt. Er erinnert mich an eine Figur aus einem Enid-Blyton-Roman, den ich als Kind gelesen habe, einen Jungen, der sich mit seinen Freunden in einer Höhle versteckt, während die Verbrecher in den Tiefen des Berges herumirren, um einen Schatz zu finden, der ihnen nicht gehört. Vorsichtig nähere ich mich dem obersten Hemdknopf, Knopf für Knopf, ich fange in Bauchhöhe an, überprüfe jeden Einzelnen und taste mich dann langsam nach oben. Steinfeld faltet die Hände. Im Nachhinein denke ich, dass es eine besondere Ehre ist, dass sie mit mir sprechen und dass sie es vielleicht nur tun, weil ich mit Titus befreundet bin. Titus hat gesagt, dass es um eine Bausparkasse geht, was sich im ersten Moment etwas exotisch anhört. Ich versuche mir ein paar Formulierungen zu merken. „Materialdefinition", „Grobkonzept", „Touch-Screen". Manchmal kann ich der Versuchung nicht widerstehen, mich nach Titus umzudrehen, ob er vielleicht mit im Raum ist oder gerade hereinkommt oder am Ende sogar die ganze Zeit, ein Gedanke, den ich mir aber sofort verbiete, unter dem Tisch sitzt und mir die Daumen drückt.

„Das ist es ja gerade. Dass alles offen bleiben soll", sagt Steinfeld. Er hat einen leichten Glanz auf der Stirn, so als würde er auf eine dezente und eingeübte Art schwitzen. „Du sollst dich überhaupt nicht festlegen. Es ist so, als hättest du von alledem hier", er machte eine weit ausholende Bewegung, „keine Ahnung. Du stellst es dir einfach vor." Für einen Moment weiß ich nicht, was ich antworten soll. Ich denke daran, wie mir Titus ein paar Mal erklärt hat, was er bei GFPD überhaupt macht und was er unter „Interaktion" versteht. Dass man sich etwas besser merken kann, wenn man es gleichzeitig liest, hört und sieht. Es ist so, als wäre man am Meer. So wie der Horizont sich weitet und man das Gefühl hat, man würde auseinander gezogen zu einer weiten, gleichförmigen Fläche. Man weiß nie, wo man zuerst hinschauen und ob man nicht besser für immer stehen bleiben soll. Als wir damals in Wien waren, haben wir noch überlegt, ob wir nicht ans Meer fahren sollen, und ich denke manchmal daran, wie das gewesen wäre, dass es bestimmt großartig gewesen wäre. Aber wir konnten uns nicht dazu entschließen. Wir waren Zivildienstleistende, und das schlechte Gewissen, in einem Leihwagen unterwegs zu sein, begleitete uns die ganze Fahrt. Ich sehe noch immer das Bild eines mit offenen Türen am Meer stehenden Leihwagens vor mir und Titus und mich, wie wir langsam auf den Strand zulaufen. Titus sagt: „Du musst es als Raum sehen. Als Möglichkeit." Wosch zieht die linke Augenbraue hoch. Er versucht mir ein bisschen Mut zu machen. Er ist eindeutig sympathischer als Steinfeld. Vielleicht ist er eine Art Animateur, verschwindet in dem Moment, in dem ich aufgenommen worden bin, und sagt leise „Goodbye".

„Natürlich muss der Weltraumbezug vorhanden sein", sagt Steinfeld. Er fixiert einen Punkt des Konferenztisches, spreizt die Finger und macht eine schnelle Aufwärtsbewegung mit der linken Hand.

„Wir haben diesen losen Bezug zu ‚Per Anhalter durch die Galaxis‘, womit wir natürlich einen gewissen Humor mit hineinbringen.“ Wosch grinst.

„Per Anhalter durch die Galaxis‘“, sage ich, „das ist ja eine alte Geschichte.“

Steinfeld und Wosch sehen mich gleichzeitig an.

„In diesem Punkt sind uns leider die Hände gebunden“, sagt Wosch. Er legt die Hände übereinander, so dass sich die Gelenke an den Pulsadern berühren, und grinst. Seine lässige Art ist geradezu berauschend, und ich muss aufpassen, dass ich nicht unvorsichtig werde. Sie fragen mit keinem Wort nach meiner Qualifikation, wer ich bin, was ich gemacht habe, ob ich mich mit den Medien, die zum Einsatz kommen sollen, überhaupt auskenne. In den Gesprächen mit Titus übernehme ich immer den Part des Zweiflers, des Häretikers, den Part des Alles-Durchdenkers. Vielleicht finden Wosch und Steinfeld Gefallen daran. Zum Beispiel: Er macht sich über alles Gedanken. Oder: Er gibt sich nicht mit einfachen Lösungen zufrieden.

„Der Weltraum darf natürlich keine Phantasmagorie sein“, sage ich.

Steinfeld sieht mich etwas irritiert an.

„Das ist ja genau der Punkt“, sagt er, „da stimmen wir wunderbar überein.“

„Bildlich gesehen kann er ja bei einigen Motiven schwarz sein.“

„Er ist unsichtbar“, sage ich und mache ein nachdenkliches Gesicht.

„Imaginär“, sagt Wosch.

„Dann wäre also in diesem Punkt die Gefahr gebannt“, sagt Steinfeld. Ich nicke nachdenklich, ein bisschen in mich versunken.

„Und was das Finanzielle angeht …“

Ich unterbreche Steinfeld, und zwar in höchster Eile. Es ist eine intuitive Reaktion, weil es mir auf einmal so vorkommt, als sei ich in dem einen oder anderen Punkt zu weit gegangen und hätte zu wenig Bereitschaft gezeigt, mich hier mit meiner ganzen Persönlichkeit einzubringen. Titus hat ein halbes Jahr ohne Bezahlung gearbeitet und nachts sogar unter seinem Schreibtisch geschlafen, bis er dann einen Vorstoß gewagt hat, der ihn allerdings gleich in eine, wie er sagt, höhere Sphäre befördert hat. Ich darf diesen Schritt nicht gleich am Anfang machen. Ich unterbreche Steinfeld. Ich lege Zeigefinger und

Mittelfinger zwischen die beiden obersten Hemdknöpfe und senke den Kopf.

„Und was das Finanzielle angeht", sage ich, „werden wir uns bestimmt einig. Da sehe ich keine Probleme."

Steinfeld dreht sich zu Wosch und für einen Moment klingt etwas Disharmonisches an, bleibt etwas fraglich und sonderbar. Ich denke an die Cola, die Beatrice, die Frau am Empfangstresen, mir angeboten hat und die vielleicht noch immer unangetastet im Foyer steht. Ich habe mich nicht getraut, einen Schluck zu trinken.

„Das ist jetzt wirklich deine Sache", sagt Steinfeld. „Ich habe mit der Projektleitung doch gar nichts zu tun." Sein Gesicht ist auf einmal ganz verzerrt. Ich frage mich, ob das ein Streitpunkt ist, unter dem hier alle mehr oder weniger leiden, mit dem alle klarkommen müssen, dass es in finanziellen Fragen Probleme gibt. Vielleicht nur kleine, unbedeutende Probleme, kleine atmosphärische Störungen, im Sinne von schwankenden Kursen und Währungen. Minimale Empfindlichkeiten, die ums Geld kreisen, sich aber dann, wenn sie nicht so schnell geklärt werden können, einfach von selbst lösen.

„Das können wir früher oder später immer noch klären", sage ich, „ist überhaupt kein Problem."

„Wir klären es", sagt Steinfeld und lächelt, und es ist überhaupt das erste Mal, dass er es tut, während Wosch beinahe etwas trotzig aussieht.

„Man muss nur einen Modus finden, der alle Beteiligten zufrieden stellt."

„Absolut", sagt Wosch und strahlt mich an, als würden wir in diesem Moment aus einem dunklen Tunnel treten, und die „Insel der Abenteuer", die Geschichte der fünf Freunde, fängt an. In Geldfragen sind wir uns jedenfalls einig.

(...)

6

Nachts träume ich von Molberger, dem Geschäftsführer der Agentur, der Titus während eines Inlandfluges von Frankfurt nach Berlin nach meinem Vorleben befragt. Hat er wirklich Medizin studiert? Ist er religiös? Molberger und Titus diskutieren, während sie Farmersalat essen, in dem irritierenderweise ein Stein ist, mein Badeenten-Konzept. Ich habe ein paar Ideen zu Papier gebracht, bei denen es um eine Badeente geht, die in alle möglichen Schwierigkeiten gerät. Alle Ideen müssen in der Badewanne spielen. Auch mein abgebrochenes Studium kommt vor, und zwar in Form eines nicht zu Ende geführten Rohbaus, der im Laufe der Zeit, der Flug dauert ungefähr eine halbe Stunde, zu einer Ruine wird. Molberger findet mein Konzept beachtlich. Sie diskutieren es während des Fluges. Es ist nur ein kurzes, beiläufiges Gespräch, unterbrochen von entspannten Blicken auf deutsche Landschaften, auf flurbereinigte Felder, frisch gestrichene Dörfer, geschwungene Autobahnkreuze. Dann schläft Molberger ein, und Titus liest ein Buch über Philosophie. Der Traum endet mit dem überlauten Geräusch einer von einem Stein zertrümmerten Krone. Das Knirschen und Splittern weckt mich aber nicht auf, sondern lässt den Traum einfach genau an dieser Stelle enden, sodass der mit weichen Polstern, Teppichen und eleganten Plastikverkleidungen gestaltete Innenraum des Flugzeuges allmählich verschwimmt, ein blaugrauweißes Farbengewaber. Einzelne Rauchsäulen steigen auf. Ich konzentriere mich auf das Tageslicht, auf die morgendliche Helligkeit, wie sie über die Oberlichter und Fensterfronten in den Lesesaal der Bibliothek hineinströmt. Es ist eine Kunst für sich, mit so einem Traum umzugehen. Ich bin sehr früh aufgestanden und gleich in die Bibliothek gefahren. Ich fahre jetzt jeden Tag in die Bibliothek. Ich denke, es ist am besten, wenn ich zu meinen alten Gewohnheiten zurückkehre. Es könnte sein, dass jemand von der Agentur, vielleicht Beatrice mit ihrer sanften, eindringlichen Stimme, bei mir anruft, um mir zu sagen, dass es Wosch und Steinfeld furchtbar Leid täte, dass aber alles ein „schrecklicher Irrtum" sei. Ich fahre in die Bibliothek, wo ich für niemanden erreichbar bin. Im Sommer, als es so heiß war und ich mit Sonja für das Physikum gelernt habe, waren wir fast jeden Tag da. Wir haben Wochen und Monate gelernt, wochenlang Karteikarten zur Physiologie der Nervenzelle und zur Arbeitsweise des Gehirns, der Ganglien und Synapsen beschriftet und auswendig gelernt. Ich bin schon so oft hier gewesen, dass ich denke, dass jeder weiß, was mit mir los ist, und jeder hier irgendeine Idee von mir hat, am Ende hat selbst das Gebäude, haben selbst die Bücher, die Wände und Lampen irgendetwas in Erinnerung behalten, und jedes Mal, wenn ich hier bin, fällt es ihnen wieder ein. Auf der Hinfahrt habe ich mir „Per Anhalter durch die Galaxis" gekauft, das ich unter den Lehrbüchern, die ich mitgenommen habe, verstecke. Ich bin auf einmal begeistert von meiner neuen Rolle, dass ich etwas tue und tatsächlich nicht irgendetwas, sondern etwas, das unter günstigen Umständen mit 8000 Mark entlohnt wird, und dass ich, und zwar als einziger hier, sozusagen mit Erlaubnis, Kapitalist bin. Ich laufe durch den Lesesaal. Der grünlich schimmernde Teppich dämpft die Geräusche, aber verführt auch dazu, unvorsichtig zu sein. Für einen Moment kommt mir alles lächerlich vor, unsinnig und albern, und ich möchte sofort mit Wosch telefonieren, der mir mit seiner frischen, einnehmenden Art Mut machen könnte. Wosch sagt: „Zwei Wochen, oder? Zwei Wochen, dann sehen wir, wie weit du bist." Sie sehen, wie weit ich bin. Am besten ist es, denke ich, dass ich so viel habe, so viele Ideen, dass sie sie gar nicht alle auf einmal sehen können. Ich könnte mit Tobias Rosenberg sprechen, einem ehemaligen Freund von Sonja, und ihn fragen, wie viel Geld ich verlangen soll. „8000", würde ich sagen, „ist natürlich ein bisschen viel. Aber wenn man es als Verhandlungsbasis nimmt." Rosenberg hat bei GFPD gearbeitet, Sonja hat es mir mal erzählt, und ich könnte sie fragen, ob sie mir seine Nummer gibt, Tobias Rosenbergs Telefonnummer, der vielleicht über ein geheimes, noch unerschlossenes Wissen verfügt. Es gibt in der Bibliothek viele Verstecke und Schlupfwinkel. Gerade die Medizinstudenten verfügen über ein ausgeklügeltes System, sich über die gesamte Bibliothek so zu verteilen, dass sie gleichzeitig nirgendwo und überall sind. Sonja findet man zum Beispiel nie, auch wenn man sie noch so lange sucht. Manchmal versteckt sie sich im Handschriftenlesesaal oder in irgendeinem Zwischengeschoss. Sie hat eine besondere Fähigkeit, sich zu verstecken. Als wir noch zusammen waren, versteckte sie sich manchmal so gut, dass ich sie tagelang nicht fand. Manchmal versteckte sie sich auf eine symbolische Art und Weise, wenn sie zum Beispiel schwieg und nichts sagte, so wie sie es tat, als wir kurz vor der Prüfung bei Titus zum Essen eingeladen waren. „Arbeitet er wirklich in einer Agentur?", fragte sie, als wir zusammen nach Hause gingen. „Und so jemand kennst du?" Es war ein Essen im kleinen Kreis, und Titus war ganz begeistert von der Idee, dass wir beim Zubereiten der Mahlzeit ein Team bildeten. Wir hielten die selbst gemachten Nudeln, die zuerst aus einem Stück bestanden, ein langer zusammenhängender, fast vier Meter langer Faden, der aus der im Flur aufgestellten Nudelmaschine quoll, mit Hilfe einer Menschenkette über eine Entfernung von fast vier Metern hoch bis zur Küche, wo Titus den Faden, Nabelschnur einer riesigen Kreatur, mit einer Schere in kleine Stücke zerschnitt und sie in einen gusseisernen Topf mit kochendem Wasser hineingleiten ließ. Sonja bekam einen Lachanfall, und beinahe wäre alles schief gegangen, schon im Flur, im Vorfeld, aber Titus war reaktionsschnell genug und hielt den plötzlich herunterhängenden Faden fest. Auf dem Heimweg fing Sonja dann auf einmal von Tobias Rosenberg an, dass er aber viel sympathischer sei als Titus. Sie kann es nicht ertragen, wenn jemand von einer Sache begeistert ist, und ich versuchte ihr zu erklären, dass sich Titus manchmal sogar über seine Arbeit lustig macht. Titus würde nie auf die Idee kommen, dass Sonja ihn nicht mag oder nicht ernst nimmt. Sie sagte: „Und so jemand kennst du? So jemand?"

Ich laufe eine Weile durch den Lesesaal, über den grünen Teppich, der so weich und nachgiebig aussieht, und suche nach einem Platz, wo ich mit dem Konzept anfangen kann. Das Konzept darf keinen überflüssigen Gedanken enthalten, wie es überhaupt, wie ich glaube, keinen Gedanken, sondern nur Ideen enthalten darf. Allein eine Idee, ein Detail kann für den Gesamteindruck von großer Wichtigkeit sein. Wie Titus uns zum Beispiel, obwohl ich es etwas übertrieben fand, vor dem Essen die Hände wusch. Er ging mit einer Emailleschüssel um den Tisch herum, und man musste die Hände in die Schüssel eintauchen, und Titus wusch sie und trocknete sie mit einem dünnen Leinenhandtuch ab. Jeder musste das über sich ergehen lassen, und man war beeindruckt und gleichzeitig etwas peinlich berührt. Es liegt vielleicht an seinem Bedürfnis nach Harmonie, dass er so etwas tut, dass er sich so viel Mühe gibt und dass er gerade das Flüchtige, Vergängliche bewahren will. Ich überlege, ob es eine Idee gibt, die zwingend ist, während ich in eines der oberen Stockwerke gehe, um mir einen Platz zu suchen, wo man mich nicht so gut sehen kann. Ich stecke mir Schaumstoffstöpsel ins Ohr. Ich suche nach einer Idee. Sie muss einfach und trotzdem schön sein. Eine Schönheit, die alles zusammenführt und miteinander verbindet. Ich sehe sie in Gedanken schon vor mir, für einen kurzen, verschwommenen Moment, und dann beuge ich mich über mein Notizbuch und fange an.

(...)

Die große Hitze

4

Einmal in der Woche gibt es jetzt einen festen Termin. Grassi hat einen runden Tisch eingerichtet, an dem wir an einem Tag zusammensitzen und uns Gedanken machen. Wir erfinden Projekte, stellen einander erfundene Projekte vor und kritisieren dann gegenseitig unsere Erfindungen. Es gibt viele neue Projekte. Einige sind noch in der Startphase, befinden sich, wie Grassi sagt, in einem „Stand-by"-Modus, und wenn die neue Etage eröffnet wird, werden es bald noch mehr sein. Grassi erwartet, dass man selbst herausfindet, in welche Richtung man sich entwickeln will, ob man an einem oder an zwei Projekten teilnehmen oder ob man vielleicht eine Pause machen und zu einem Pool von Mitarbeitern gehören will, die nur bei Bedarf beschäftigt werden und ansonsten die Gelegenheit haben, sich auszuruhen, sich weiterzubilden oder sich neu zu orientieren. Das ist Grassis „Hilfe-zur-Selbsthilfe"-Idee, von der er mir schon letztes Jahr erzählt hat. Die Idee, dass man sich seinen Arbeitsplatz selbst gestaltet, ihn unter Umständen überhaupt erfindet, definiert oder gegebenenfalls ausweitet oder ausdehnt. Vorübergehend kann das bedeuten, dass man zu Hause bleibt und sich privat mit etwas beschäftigt, das der Agentur dann später zugute kommen kann. „Halt dir diesen Kontakt auf jeden Fall warm", sagt Grassi, als ich ihm von meiner Zeit in der Charité erzähle, „wer weiß, wohin gerade die Entwicklung im Gesundheitssektor noch führt. Krankenhäuser können unter Umständen Kunden sein." Wenn die neue Etage eröffnet wird, werden die einzelnen Abteilungen wahrscheinlich aufgelöst, und es werden Arbeitsgruppen gebildet, die zu so genannten Units zusammengefasst werden, die zwar miteinander konkurrieren, aber in ihrer Konkurrenz jeweils für ein besseres Endergebnis sorgen, und es könnte ein Anreiz sein, zu der Unit zu gehören, die der Agentur das meiste Geld einbringt. „Es werden mit Sicherheit vier große Teams gebildet", sagt Grassi. „Es gibt vier große Einheiten. Vier *Units*. Ihr kennt ja den Ausdruck. Aus dem Englischen. Das bedeutet unter Umständen auch etwas Militärisches. Ich würde es hier aber eher organisch sehen." Es geht in erster Linie um Kommunikation. Auch der runde Tisch ist eine Form der Kommunikation, so wie wir sie später noch öfter praktizieren werden. Ab und zu ist auch Molberger dabei und schaut für ein paar Minuten zu. Er sitzt in zweiter Reihe, beinahe höflich Abstand haltend, mit einer gar nicht mehr nachvollziehbaren Anspannung und Neugierde, mit der er für einen kurzen Augenblick, für fünf oder zehn Minuten zu uns kommt, mit großen Augen, so als wäre er ein kleiner Junge, der zum ersten Mal in einem Planetarium die Sterne sieht oder in einem Fußballstadion den grünen Rasen. Im Laufe des Sommers ist seine Gesichtsfarbe noch dunkler geworden, und ich frage mich, wie viel Zeit er eigentlich in die Beherrschung seines Körpers investiert, in sein Aussehen, und ob seine Attraktivität vielleicht notwendig ist, eine Voraussetzung für unseren Erfolg.

Manchmal verfällt Grassi in ein lang anhaltendes Schweigen und beobachtet nur noch. Er beobachtet, wie Gudula sich mit Melchior streitet und wie wir aufgeregt diskutieren. An dem Tag, als sich Molberger zu Wort meldet, ist er besonders schweigsam und schaut die ganze Zeit auf den Tisch, als würde er darauf warten, dass Molberger zu sprechen anfängt. Molberger sitzt auf dem Boden, direkt hinter mir. Als er hereinkommt, ist kein Stuhl mehr frei, und er hockt sich einfach hin und hört zu. Wir diskutieren darüber, ob die Mitglieder der jeweiligen Unit Snoopy-Sticker tragen sollen, zur besseren Unterscheidung. Grassi sagt nichts. Er meidet jede Art von Kommentar in Sachen Ästhetik, ob etwas schön oder hässlich ist. In dieser Hinsicht versucht er neutral zu sein. Auf eine fast übernatürliche Weise unbeteiligt, geradezu empfindungslos. Mit seinem schweren, klobigen Kopf, der manchmal etwas puppenhaft wirkt, die Haut blass, die Wangen leicht gerötet, so als könnte jeder zu ihm hingehen und seinen Kopf zurechtrücken, verstellen oder sonst wie manipulieren.

„Für wie blöd haltet ihr mich eigentlich?", fragt Gudula.

Melchior weicht etwas zurück.

„Weißt du überhaupt, wie so etwas aussieht? Wie so etwas wirkt. Wie bei einer Gewerkschaftsparty. Mit Kulturprogramm, mit Fähnchen und Luftballons."

„Ich glaube nicht, dass du schon einmal auf einer Gewerkschaftsparty warst", sagt Melchior.

Gudula nimmt ihre Kampfposition ein, während sie gleichzeitig Melchiors in den letzten Wochen immer mehr aufflammendes Interesse an ihrer Person abwehrt, seine Neigungen zurückweist.

„Wir sind hier nicht bei einem Kindergeburtstag", sagt sie. „Vielleicht sollten wir alle mal überlegen, wie wir erwachsen werden." Sie lässt sich durch Molbergers Anwesenheit nicht beeindrucken. Sie ignoriert ihn, während sie gleichzeitig Melchior angreift. Mittlerweile glaube ich, dass jede Art von Unterhaltung für Gudula eine Art Kampfhandlung ist, bei der ihr Gesprächspartner früher oder später kapituliert. Als Leiter der Programmierabteilung hätte Melchior, zumindest theoretisch und was seine Position angeht, eine Chance. Gudula hat eine Vorliebe für empirisch veranlagte Menschen, für Physiker oder Informatiker.

„*Du* kannst dir ja so einen Sticker ans Hemd machen", sagt sie, „aber lass mich damit bitte in Ruhe." Ich überlege, ob ich etwas sagen soll, aber dann fällt mir das Telefongespräch ein und dass Molberger meine Stimme vielleicht erkennt.

„Was sagen denn unsere Kreativen dazu?", fragt er. Er wirkt etwas ungeduldig. Das Sticker-Thema beschäftigt uns schon lange. Er sagt: Unsere Kreativen. Es sind zweifellos, wie Molberger anzudeuten versucht, unsere Körper. Die Kreativen sind die unseren Körpern aufliegenden Oberflächen, Randzonen, Tast- und Fühlinstanzen. Wir sind, als „unsere Kreativen", äußerste Randzone des Körpers der Agentur. Er sagt: „Unsere Kreativen." Es ist beeindruckend, mit welchen einfachen Worten er Wirkung erzielt. Heimlich habe ich mir einmal seinen Lebenslauf angesehen, und es ist erschreckend, wie jung er noch ist. Ich habe mir das Geburtsdatum, das leicht zu merken ist, genau eingeprägt. Er hat Hispanistik studiert und sich mit lateinamerikanischer Literatur beschäftigt, mit Jorge Luis Borges, von dem ich mir noch am nächsten Tag ein Buch gekauft habe. In einer der Geschichten wird von einem Verworfenen erzählt, der in einem labyrinthischen Dorf nach einem Zimmer der Erleuchtung sucht, und während Molberger am äußersten Rand unserer Zusammenkunft, ein oder zwei Meter vom runden Tisch entfernt, in seinen hellbraunen Bootsschuhen, wie man sie von Jurastudenten kennt, auf dem Boden hockt, denke ich auf einmal, dass wir ihn vielleicht unterschätzen. Wir bewundern ihn, aber wir unterschätzen ihn auch. Er beugt sich vor. Ein Moment, in dem ich mich am liebsten in Luft auflösen würde. Es gibt seit einigen Tagen Gerüchte, dass Lipinski sich zurückziehen und die Zusammenarbeit mit uns beenden will, und es wäre nicht gut, wenn Molberger mein Gesicht damit in Verbindung bringt. Alle schauen zu mir herüber. Molberger räuspert sich.

„Wir haben gestern mit Fogg Amerika gesprochen", sagt er und steht auf. Er spricht sehr laut. Ein Zeichen, dass das Sticker-Thema beendet ist und dass jetzt alle zuhören sollen.

„Ihr habt ja schon davon gehört. Fogg ist einer der größten Dienstleister im Agenturbereich."

Er macht eine Pause. Ich habe das Gefühl, dass er einen Schritt nach links oder nach rechts macht. Vielleicht muss er nachdenken.

„Es ist ein sensationeller Erfolg, dass Fogg jetzt mit an Bord ist. Mit 25 Prozent. Das ist seit gestern amtlich."

Seine Stimme ist dünn. Er ist keineswegs brillant oder visionär. Seine Sprache ist einfach und kunstlos. Wie er „sensationeller Erfolg" sagt. Er ist nicht gerade begnadeter Redner. Er sagt es so nebenbei. Als wäre es nicht der Rede wert.

„25 Prozent. Das bedeutet, dass unsere Unabhängigkeit gewahrt bleibt. Unternehmenspolitisch gesehen ist das ein riesiger Erfolg. Fogg hat ein Netzwerk mit über 200 Agenturen, das weltweit operiert."

Ich beobachte Gudula. Sie wirkt etwas angespannt. Melchior, der neben ihr sitzt, strahlt eine große Ruhe aus, so wie neulich, als am helllichten Tag der Strom ausfiel, und Melchior, der Systemadministrator, saß in aller Gelassenheit in der Küche und tat nichts.

„Und was das Wichtigste ist", sagt Molberger. „Es ändert sich nichts. Das Fundament wird besser, aber am *System* ändert sich nichts."

Er macht eine Pause, ruht sich aus . Ich habe die ganze Zeit gedacht, dass GFPD Fogg kauft, und jetzt kauft Fogg GFPD. Es gibt keine besonderen Reaktionen. Vielleicht gibt es mehr Geld. Wosch hat erzählt, dass die Gründer von Fogg zwei Mormonen-Brüder sind, die im Kunsthandel sehr aktiv sind. Ich versuche mich an die Formulierungen in Gudulas Fax zu erinnern, was sie Titus genau sagen wollte. Im Nachhinein erscheint es mir als etwas Bedeutsames, wie ein kleiner Schatz, der vorübergehend sehr wertvoll war, jetzt aber an Bedeutung verliert.

„Wir haben unsere eigene Philosophie", sagt Molberger, „das hat den Ausschlag gegeben. Fogg sucht Bundesgenossen, und wir sind zur Zeit in Deutschland die Nummer 1 ..."

Irgendjemand klatscht und dann noch jemand, und auf einmal hebt ein Klatschen und Auf-den-Tisch-Klopfen an, das den ganzen Raum erfüllt. Es beginnt am Kopfende, wo Gudula und Grassi sitzen, und setzt sich bis zur gegenüberliegenden Seite fort, wo es bei Wosch und Margit Schöller endet. Wosch klopft nur einmal mit der flachen Hand auf den Tisch, während ich zweimal in die Hände klatsche, und es fehlt ein bisschen der rhythmische und kompositorische Zusammenhang, und ich ärgere mich, dass es keine klare Linie gibt, dass einige klatschen und andere auf den Tisch klopfen. Ich spüre, wie mich jemand an der Schulter berührt, und ich denke schon, es ist Titus, aber dann sehe ich, dass es Molberger ist. Er ist beim Aufstehen leicht ins Schwanken geraten und hat sich, um nicht hinzufallen, bei mir aufgestützt. Mit der rechten oder linken Hand stützt er sich auf meiner Schulter ab, ich drehe mich sofort um, und im Ausdruck seines Gesichts erkenne ich, dass alle Verdachtsmomente unbegründet sind. Er erkennt mich nicht. Er hat unser Telefongespräch längst vergessen, er kann sich an nichts erinnern und hat auch mich vielleicht noch nie gesehen. Unser Verhältnis ist ganz unbelastet, und vielleicht beginnt in diesem Moment alles noch einmal von vorn.

Er kommt mir in einem reinen, strahlenden Weiß entgegen, steigt aus dem Gebirge der Geschäftsführung herab. Das glänzende Weiß seiner Zähne und der kleine Herpesfleck, den er an der Unterlippe hat. Eine zufällige Berührung, eine Berührung aus reiner Gedankenlosigkeit. Er ist konzentriert, berauscht von seiner eigenen Energie. Sein Lächeln ist banal, schlicht, jungenhaft seine Fähigkeit, unwissend und gleichzeitig machtvoll zu sein. Ich denke noch einmal daran, als ich am Abend nach Hause fahre. Tatsächlich habe ich zwei oder drei Tage nichts getan, und vielleicht bedurfte es dieser Berührung, dieser zufälligen Zusammenkunft mit Molberger, für den ich ein Mitarbeiter wie jeder andere bin, dass ich jetzt, vielleicht rechtzeitig, wieder aufgewacht bin. Grassi ist sichtlich erleichtert, als ich am Ende des runden Tisches zu ihm komme und mit ihm sprechen will. Wir sprechen nicht über Fogg. Über die 25

Prozent. Auch mit Wosch, der die Agentur wahrscheinlich verlässt, spreche ich nicht darüber. Später erfahre ich, dass es in der Grafik einige Diskussionen gibt und dass gar nicht alle einverstanden sind, einige sind sogar enttäuscht. Grassi ist noch einen Moment sitzen geblieben, und es sieht fast so aus, als hätte er auf mich gewartet. „Das verstehe ich gut", sagt er, „du hast ja im Moment gar kein Projekt. Möchtest du denn eins?" Er schaut mich nachdenklich an, während ich überlege, ob ich ihn nach dem Weissenburg-Projekt fragen soll. Wir unterhalten uns eine Weile, und mir fällt auf, wie müde und kraftlos er ist, beinahe uninspiriert, dabei hat er die ganze Zeit nur zugehört. Er schaut auf den Konferenztisch, so als müsste er unter der Vielzahl der Projekte etwas auswählen. „Wir bekommen täglich Bewerbungen", sagt er. „Kannst du dir das vorstellen?" Er erzählt mir von den Bewerbungen und wie schwierig es ist, gute Mitarbeiter zu finden. „Für dich müssen wir etwas ganz Besonderes aussuchen", sagt er. Wie er mich immer wieder ansieht, als wäre ich ein wertvolles Fundstück, ein Objekt, das man an einen ganz besonderen Ort stellen muss. Wir sprechen verschiedene Möglichkeiten durch und überlegen, was für mich geeignet wäre. Es ist gar nicht so einfach, und am Ende beschließen wir, dass wir uns später noch einmal in Ruhe unterhalten müssen. „Ich möchte nicht, dass du dich in die Enge getrieben fühlst", sagt er und lächelt mich an. „Vielleicht denkst du dir einfach schon mal was aus. Hast du Lust?" Er steht auf, und seine Müdigkeit ist auf einmal wie verflogen.

5

Bevor ich loslaufe, schaue ich eine Sekunde lang durch das Fenster der Eingangstür und stehe mit angehaltenem Atem im Vorderhaus. Ich möchte, wenn ich loslaufe, nicht mit jemandem zusammenstoßen, schon gar nicht mit jemandem, der auf dem Weg zur türkischen Arztpraxis ist, die im Erdgeschoss neu aufgemacht hat. Im Hausflur ist es morgens noch so dunkel, dass man leicht jemanden übersieht, und die alten Frauen mit ihren Kopftüchern, die manchmal in der Toreinfahrt stehen, halten mich bestimmt für verrückt, wenn ich ohne jeden ersichtlichen Grund plötzlich aus dem Haus laufe. Sie beobachten mich, und meine Aufwärmübungen erscheinen mir manchmal albern und übertrieben, angesichts ihrer Duldsamkeit und ihrer Demut, mit der sie auf ihren Termin warten, regungslos in ihre schwarzen, bis zum Boden reichenden Gewänder gehüllt, unter denen jede Bewegung zu einem unergründlichen Geheimnis wird. Oft laufe ich los, ohne mich aufgewärmt zu haben, und wünsche ihnen dann, wenn ich im Park bin, komplizierte und unheilbare Krankheiten an den Hals. Der Park ist eine Herausforderung. Eine große ausgedehnte Hochebene, die schwer zu erreichen ist. Im ersten Moment erscheint alles grau und verschwommen wie von einer steinernen Kälte, als läge der ganze Park in einem ewigen Schatten. Der Boden ist hart und im Winter oft gefroren, und ich laufe auf den ersten Metern viel zu schnell, in dem Bedürfnis, die Gefühle der Lähmung und Schwäche zu vertreiben. Ich könnte später aufstehen, aber dann würde ich von dem einmal eingeschlagenen Weg, morgens einer der ersten zu sein, wieder abweichen. Die neuen Mitarbeiter sollen ruhig sehen, dass es jemand gibt, der mit noch größerem Eifer bei der Sache ist. Sie können kommen, wann sie wollen, ich bin immer schon da. Im Winter werde ich so früh da sein, dass meine Anwesenheit ihnen wie ein Wunder erscheint, und schon jetzt macht das Gerücht die Runde, ich würde mitten in der Nacht aufstehen und meinen Tag mit einem martialischen Training beginnen. Manchmal, wenn ich im Hausflur stehe und durch die grünen Glasfenster auf die Straße schaue, denke ich daran, und ich spüre auf einmal eine große Energie, sodass ich tatsächlich auf der Stelle loslaufe. Für einen Augenblick habe ich das Gefühl, alle Mitarbeiter würden in diesem Moment aus ihren Betten hochschrecken und würden sehen, wie ich mit meinen schneeweißen amerikanischen Turnschuhen in die Dämmerung laufe, in die weit ausgedehnte Parklandschaft hinein, um mit einem Seufzer der Resignation in ihren Betten zurückzusinken, zurück zu ihren Träumen, in denen sich meine Spur allmählich verliert. Manchmal sehe ich Titus vor mir, kurz bevor ich loslaufe, in einem Moment plötzlicher Entscheidungskraft. Ich sehe seinen kurz geschorenen, fast haarlosen Kopf, der so aussieht wie ein großer, schwer zu bewegender Stein. Der Moment des Loslaufens ist das Problem, die eigentliche Herausforderung, und oft bleibe ich minutenlang stehen und bereite mich auf diesen Moment vor. Irgendwann werden die Tage so kurz und die Dunkelheit des Morgens so undurchdringlich sein, dass ich mich tatsächlich in einem Zustand der Blindheit durch sie hindurchtasten muss. Die Kälte wird schwarz und düster und die Dunkelheit kalt und schneidend sein. Und während ich jetzt aus dem Fenster schaue und die alten Frauen sehe, wie sie lauernd im Hauseingang stehen, denke ich daran, wie ich meine alte Wollmütze anziehen werde und Sonjas Pullover, der so hässlich ist, dass man ihn nur nachts tragen kann. Es ist ein schwieriger Moment. Während des Studiums habe ich einmal das ganze Wintersemester lang in einer Chemiefabrik gearbeitet, und die Ankunft in der noch nächtlich illuminierten Fabriklandschaft erschien mir so trostlos und beklemmend, dass ich am liebsten wieder umgekehrt wäre. All das Magische und Schöne hatte sich als Trugschluss erwiesen. Allein das untergründige Dröhnen und Rauschen der Maschinen, von denen man weiß, dass sie schon eine ganze Nacht hinter sich haben, während man selbst mit verquollenen Augen an turmhohen und kryptischen Stahlgebäuden vorbeiirrt, auf der Suche nach seinem Arbeitsplatz. Gerade in einer solchen Stimmung, in einer derartigen frühmorgendlichen Düsternis werde ich mit dem Laufen beginnen, und es jagt mir schon jetzt kleine Schauer den Rücken herunter, wenn ich daran denke, dass ich es also tatsächlich tun werde. Es ist der Auftakt, der Beginn, und es wird eine Reise durch die Dunkelheit sein, eine Reise bis ans Ende der Welt, bis zu dem Punkt, wo die Phantasie sich in ihr Gegenteil verkehrt, so wie es Grassi neulich gesagt hat. Ich habe schon überlegt, ob das vielleicht eine Anspielung darauf ist, dass Titus als Unit-Leiter, wie ich gehört habe, sehr autoritär ist und dass einige Mitarbeiter wegen ihm schon gekündigt haben. Als ich ihn neulich im Foyer traf, war seine Umarmung genauso herzlich wie immer, und ich schaute mich nach allen Seiten um, ob es auch jemand gesehen hatte, aber es war niemand da, und ich dachte dann noch, und es war beinahe eine Art Trost, dass die Umarmung deswegen vielleicht umso wertvoller wäre. „Ich wusste gar nicht, dass du so sportlich bist", sagte er. Er erzählte mir, dass er von meinem Kopfsprung gehört hatte, und es überraschte mich, dass so etwas bis zu ihm vorgedrungen war. Unsere Unterhaltung war so kurz, dass ich gar nicht dazu kam, ihn nach seinem Vater zu fragen. Es erscheint beinahe so, als stünde sein Aufstieg bei GFPD mit der Genesung seines Vaters in Verbindung, und vielleicht ist das der Grund, warum Grassi solche Bemerkungen macht. Titus war die ganze Zeit unterwegs, hat sich um seinen Vater gekümmert, während in der Agentur entscheidende Veränderungen stattgefunden haben. Das ist überhaupt die größte Überraschung. Titus' Entwicklung bei GFPD, seine Ernennung zum Unit-Leiter, während es Grassi nicht geschafft hat und sich jetzt, wie er sagt, ganz auf seine „kreative Ader" besinnen will. Vielleicht ist es ganz gut, wenn es Winter wird und sich alles beschleunigt. Ich sehe es schon vor mir, das Bild einer vollständig schwarzen Nacht und wie ich mich mit geschlossenen Augen durch den eisigen Wind kämpfen muss. In der Fabrik kam der Wind von überall her, bildete sich als Fallwind am Rand der Gebäude und stürzte einem unerwartet ins Gesicht, als schlüge einem von dort Missachtung und Wut entgegen. Es war das erste Jahr in Berlin, und ich musste so früh aufstehen, dass ich Sonja nur abends sehen konnte. Wir hatten uns gerade kennen gelernt, und Sonja konnte es einfach nicht ertragen, wenn ich so früh schlafen ging. Manchmal brach sie mitten in der Nacht in Tränen aus, und ich fand sie dann ganz und gar aufgelöst auf dem Teppichboden im Flur. Es war unmöglich, sie zu beruhigen. Sie hatte die Bettdecke mitgenommen und lag zusammengerollt, das Gesicht gegen die Tapete gepresst, an der Wand. Vielleicht wachte ich auch nur auf, weil mir auf einmal kalt war, denn später, als sie ohne Bettdecke im Flur lag, habe ich es gar nicht mehr gemerkt. Ich schaue aus dem Fenster. Ich sehe die alten Frauen, wie sie im Hauseingang stehen, und während ich sie beobachte, wie sie in ihrem gottergebenen Schweigen und mit ihren verhüllten, schattenhaften Gesichtern ganz eng beieinander stehen, merke ich, dass ich die Angst vor dem Winter verloren habe. Es ist eine gute Idee, morgens zu laufen, und ich habe mir schon überlegt, dass ich erst dann loslaufe, wenn der Sonnenaufgang unmittelbar bevorsteht. Ich habe schon in mein Notizbuch geschaut. Die Aufgangs- und Untergangszeiten sind dort genau vermerkt. Man kann es bis auf die Minute vorhersagen. Der Moment des Loslaufens ergibt sich ganz von allein. Ich muss gar nicht mehr so viel darüber nachdenken. Auf einmal setzt ein Tuscheln und Raunen ein, und die Frauen mit den Kopftüchern, die erstaunlicherweise alle ganz verschieden gemustert sind, laufen an mir vorbei, und während ich mich noch wundere, dass die Praxis schon so früh öffnet, merke ich, dass der richtige Moment gekommen ist. Ich setze meine Aufwärmübungen fort, meine Dehn- und Streckübungen. Ich konzentriere mich auf den richtigen Moment. Manchmal sind solche Verzögerungen irritierend, und ich nehme mir dann immer vor, dass in Zukunft so etwas nicht mehr passiert. Wie ich zum Beispiel einfach so dastehe und an den Sonnenaufgang denke. Ich bin schon fast draußen, als mir auf einmal klar wird, dass ich auf diese Weise viel Zeit verliere, Zeit, die man nicht mehr zurückgewinnen kann. Das Licht am Horizont, ich stelle es mir in aller Genauigkeit vor, wie es als dünner glühender Streifen wie unter einer Türritze langsam hervorzukriechen beginnt. Ich halte die Luft an. Es ist nur ein kurzer Moment, und dann laufe ich los.

Rainer Merkel, geboren 1964 in Köln, studierte in Berlin Psychologie und Kunstgeschichte. 1993 schloss er das Studium mit einem Diplom ab. Er arbeitete als freier Mitarbeiter in einer Multimedia-Agentur und auf Honorarbasis als Psychologe. Seine Veröffentlichungen erschienen in Zeitschriften und Anthologien. 1999 war er Stipendiat des Literarischen Colloquiums Berlin. 2001 erhielt er den Jürgen-Ponto-Preis, von 2002 bis 2003 ist er Stipendiat des Internationalen Künstlerhauses Villa Concordia. Im Jahr 2001 erschien sein erster Roman *Das Jahr der Wunder*, 2002 veröffentlichte er gemeinsam mit David Wagner und Jörg Paulus *Wahlverwandtschaften.*